오정근의
커리어
코칭

오정근의 커리어 코칭

커리어 코칭의 탁월한 설계와 완벽한 실행

오정근 지음

북소울

이 책은 무엇보다 실용성을 높였다.
커리어 코칭 입문에 유익하면서도 실질적인 도움을 주기 위해서다.

첫째, 존재 중심의 코칭
자존감과 자신감을 높이고, 자기 이슈의 주도적 해결을 위한
존재 중심의 코칭 방법을 소개한다.

둘째, 자기표현과 스토리텔링 능력 향상
흥미나 강점에 대한 속성 분석으로 커리어 스토리 가공과
핵심 메시지를 제대로 표현하는 공식을 제시한다.

셋째, 풍부한 코칭 대화 사례
흐름과 방향을 알 수 있는 상황별 코칭 대화 실제 사례를 제시하여
커리어 코칭 입문의 실용성을 높인다.

넷째, 시각적 구조화
표와 그림, 마인드맵과 스토리텔링 공식으로
커리어 코칭의 양식과 예시 그리고 구조의 이해와 응용을 돕는다.

다섯째, 코칭 절차 가이드
1:1 코칭과 그룹 커리어 코칭의 방법과 구조화된 커리어 코칭
전개 절차는 매뉴얼처럼 활용할 수 있다.

사람은 연결을 통해 성장한다

커리어 코칭은 스토리를 발굴하고 가공하여 말이나 글로 준비하는 과정이다. 하나의 샘플로써 나의 커리어 스토리를 소개한다. 나의 커리어를 돌아보면, 감사가 가득하다.

나는 대기업에 입사하여 인사와 노무 관련 일을 했다. 그 후 그룹에서 교육업무를 맡으며 연수원 전임교수로 활동했다. 하지만 갑자기 건강에 심각한 적신호가 켜졌다. 미래에 대한 불안과 초조함이 엄습했다. 생과 사의 갈림길에 섰다. 시한부 삶이 될 수도 있는 상황이었다. 나에게 허락된 삶이 한없이 소중하게 느껴졌다. 교직에 있던 아내는 내 건강을 돌보겠다며 3년간 휴직을 선언했다. 당시에는 휴직할 수 있는 조건이 출산밖에 없었다. 의사의 만류에도 불구하고 아내는 셋째를 출산하며 3년의 세월을 벌고, 나를 돌보고자 했다. 나는 아내의 극진한 보살핌 속에서도 회사 생활을 지속했다. 건강이 허락할 때까지 일상을 이어가고 싶었다. 남은 삶을 잘 이어가는 것이 준비하는 과정이라 생각했다.

'생애 설계' 프로그램에 참여하여 생애 비전과 목표를 정했다. 그만큼 절실했기에 목표들을 하나씩 이루어 나갔다. 그 목표 가운데는 대학원 진학도 포함됐다. 삶이 지속할지 어떨지 모르는 상황에서 대학원이라니! 그런 마음을 먹은 것은 나중에 세 아이에게 '아빠는 배움을 소중히 여기던 사람'이라는 메시지를 전하고 싶었기 때문이다. 회사 내 전임교수로 활동 중이어서 '전문가'로 더 성장해야겠다는 생각이 들었다.

그런데 일과 배움을 절실하게 이어가자, 건강이 차차 회복됐다. 기적이 일어난 셈이다. 나는 새로운 연결을 꿈꾸며 교육행정 책임자로 이직했다. 그 후에도 일자리를 옮겨 문화사업 책임을 맡았다. 나의 커리어를 돌아보면 건설업, IT업, 유통업, 지식서비스업 등 분야가 다양하다. 이런 다양한 경험이 나의 자산이 될 줄은 몰랐다. 퇴직 후 가진 2년의 이민 생활도 소중한 경험이다. 아이들 셋 유학비용 때문에 고민하다 단행했는데, 결국 내가 속할 곳이 어디인지를 깨닫고 돌아왔다.

귀국한 후 리더십센터 사장이던 조성용 선배를 만났다. 과거 직장 선배였던 그는 '코칭'이라는 생경한 학문을 권했다. 그것이 인생의 전환점이 될 줄은 전혀 몰랐다. 코칭을 공부하면서 신세계가 열렸다. 새로운 사람들과 연결됐다. 국내, 국제 코칭 자격을 차례로 취득했고 전문코치로 입지도 다지게 되었다. 세컨드 커리어의 보람 있는 나날이 이어졌다.

수많은 코칭 영역 중에서도 커리어 코칭을 전문적으로 하게 된 배경은 국민대 이의용 교수님 덕분이다. '인생 설계와 진로'라는 교양과목을 강의하면서 커리어 코칭 커리어를 시작했다.

모든 연결은 소중하다. 앞서 얘기한 생애 설계 프로그램 참가나 기업에서 강의한 경험도 큰 도움이 되었다. 전문코치가 된 후에는 코치들의 봉사단체인 '해피포럼'에 참가했다. 대학생을 대상으로 한 커리어 코칭을 했는데, 이때 이후로 대학생을 위한 커리어 코칭을 이어가고 있다.

한국코치협회와 국제코치연맹 인증 프로그램인 커리어 코칭 강의를 7년째 하고 있다. 최근에는 숭실대 교육대학원에서 커리어 코칭을 강의한다. 라이프 코칭을 병행하면서 여러 가지 커리어 이슈를 다룬다.

사람뿐만 아니라 좋은 도구와 연결된 것도 큰 행운이다. 세계적인 성향진단 도구인 '버크만'과의 만남이 그것이다. 버크만은 리더십과 커리어 양 분야에서 탁월하게 사용할 수 있는 도구다. 버크만 고급 과정을 개발하고 강의한 덕에 '버크만코리아 연구개발원장'이라는 타이틀도 선물받았다. 10여 년간 비즈니스 코칭 기회를 제공해준 현미숙 대표에게 감사하다.

바쁜 와중에 박사과정도 시작했다. 철학을 공부하다가 '인문고전 속에 담긴 코칭의 원리'를 발견했다. 존재와 세상을 바라보는 관점이 달라진 데는 전헌, 조중빈 두 교수님을 만난 덕분이다. 삶에서 은혜로운 선물을 받은 셈이다. '존재' 중심의 코칭이 가능하다는 믿음이 왔다. 그 결과 세 군데 대학원에서 코칭 철학을 강의하게 됐다. 바쁘고 활기찬 삶이 이어졌다. 얼마나 감사한지 모른다.

가끔 주변에서 인생의 전성기가 '지금' 아니냐고 묻는다. 나는 그렇다고 인정한다. 생각지도 못한 일이었고, 모든 것이 우연이었다. '사람은 연결을 통해 성장한다.'라는 말이 있는데, 정말 누구를 만나느냐가 중요하다. 나한테는 나 자신을 브랜딩하거나 마케팅하는 재능이 없다. 하지만 주변의 여러 사람이 좋은 기회를 만들어 주거나 연결해 주었다. 감사한 일이다.

나는 '코칭'을 통해 새로운 삶을 얻고, 나다움을 의식했다. 특별히 커리어 코칭 분야에 큰 힘을 쏟았기 때문에 이제는 이 경험을 나눌 때라고 생각한다. 기본이 될 만한 커리어 코칭 콘텐츠를 총망라했다. 커리어 코칭에 입문하는 모든 분에게 작은 도움이 되길 소망한다.

오정근

사람들은 선한 존재다

우리가 사는 환경을 자연 혹은 사회라고도 한다.

자연 세계는 자연의 질서나 원칙에 의해 움직인다. 자연 세계에 대하여 '태양이 지구 주위를 돌고 있다.'거나, 혹은 '지구가 태양 주위를 돈다.'라고 말한다면? 그 주장은 태양과 지구에 아무런 영향도 끼치지 않는다. 태양과 지구는 물리적 이치에 따라 움직일 뿐이다.

하지만 사람들로 이루어진 사회는 그와 다르다. 경영학의 아버지인 피터 드러커는 "사회 원칙(Social Discipline)과 관련된 가정이나 전제(Premise-assumption)는 자연과학의 가정보다 실질적으로 훨씬 더 중요하다. 왜냐하면 전제를 잘못하면 결과가 달라지기 때문이다."라고 《21세기 지식경영》에서 강조했다.

만일 누군가가 '사람들은 이기적이다.'라고 전제하고 산다면, 타인과 협업을 피하거나 자신도 손해를 입지 않으려 방어적으로 움직일 수 있다. 하지만 '사람들은 선한 존재다.'라는 전제를 지니고 산다면? 자신도 그렇게 행동하거나 타인에게서 선한 동기를 찾으려 한다. "그럴 만한 이유가 있었겠지."라는 수용적 태도를 취하게 된다.

지금부터 이 책에서 다룰 8가지 전제를 미리 소개한다.

왜냐하면 코치는 '이슈'보다는 '존재', 즉 사람을 다루는 일을 하기 때문이다. 전체 맥락을 이해하거나 통찰을 얻는 데 전제가 도움을 줄 수 있다. 누군가는 쉽게 동의하겠지만, 누군가는 아닐 수 있다. 책을 읽어 나가면서 차차 동의하리라 믿는다. 의문을 갖고 출발해도 의미가 있다. 그만한 가치가 있기 때문이다.

사람을 보는 관점에 대한 기본 전제

① 사람들은 선한 의도를 갖는다.

② 사람들은 세상에 선한 영향을 미치고 싶어 한다.

③ 사람들은 자신의 상태가 더 나아지기를 원한다.

④ 사람들은 자기가 인식하는 바에 따라 행동하며 살아간다.

⑤ 사람들은 다른 사람과 잘 지내면서 인정받기를 원한다.

⑥ 사람들은 늘 자기에게 좋은 것을 택하며 살아간다.

⑦ 사람들은 감정으로 판단한다.

⑧ 사람들은 욕구불만이 있을 때 스트레스 행동을 한다. 그것은 누구나 그렇고, 자연스러운 일이며 바꿀 수 있다.

깊이와 체계가 다 갖추어져 있다. 참가자 내면의 아름다움과 가능성을 찾아내어 성장을 돕는다. 사람 중심의 커리어 코칭 방법론이 소개되어 반갑다. 대학생을 대상으로 커리어 코칭을 봉사해 온 '해피포럼'의 성장에도 큰 도움이 될 거라고 생각되어 감사하다.

김건중 해피포럼 고문

저자의 커리어 코칭 경험담과 내공이 듬뿍 담긴 책이 나와서 반갑고 기쁜 마음이다. 이 책은 학생들의 진학, 진로, 취업뿐만 아니라 직장인들을 위한 최적의 직무선택과 경력개발, 전직 그리고 제2의 인생을 준비하는 이들에게 코칭으로 접근하는 올바른 길을 제시한다. 29개의 그림, 42개의 표, 44개의 코칭 대화 사례를 꼼꼼하게 실어, 커리어 코칭의 실용성을 높인 점이 돋보인다. 전문 커리어 코치들을 위해 개인 코칭은 물론 그룹 코칭까지 효과적으로 가이드한다. 우리 한국코치협회 코치들에게 강력히 추천하고 싶다.

김영헌 한국코치협회장

코칭의 언어는 사랑의 언어다. 이 책은 사람을 살아나게 하는 관점과 언어를 잘 보여주고 있다. 하우코치사관학교에서 7년째 커리어 코칭 강의를 하는 오정근 코치는 이론과 사례가 탄탄한 수업으로도 정평 나 있는데, 책으로 만날 수 있어 반갑다. 귀한 책이다.

김온양 하우코치사관학교 교장

이런 책을 기다려왔다. 불확실한 미래, 진로를 고민하는 청년들이 자기다운 삶을 찾아가도록 돕는다. 맞춤형 커리어 코칭이 필요한 시대에 코칭다움의 철학이 뚜렷이 반영된 책이다. 무엇보다 코칭 대화법을 실감 나는 사례로 만날 수 있어 커리어 코칭을 배우는 이들에게 친절한 책이다.

안남섭 한국코칭심리협회장, 전 한국코치협회 부회장

탄탄한 이론을 토대로, 코칭 현장에서 바로 적용할 수 있는 유용한 팁과 노하우를 담았다. 현장과 학계에서 오랫동안 일하면서 터득한 저자의 전문성이 배어 있다. 코칭의 참맛을 느끼고 싶은 독자들에게 큰 도움이 되리라 기대한다.

유기웅 숭실대 교육대학원 커리어 · 학습코칭 전공 주임 교수

이 책은 3가지가 통합된 책이다. 저자의 사람에 대한 철학, 비즈니스 코칭 노하우, 그리고 커리어 코칭을 통해 진정한 인생을 선택하도록 도와준, 수천 케이스의 경험이 그것이다.
체계적이고 간결하며 진정성이 있고 실용적이다. 전문코치뿐만 아니라 커리어를 상담하는 분, 심지어 자신의 커리어를 셀프 코칭하고 싶은 분들께도 단비 같은 책이다.

현미숙 하우코칭 대표

차례

PART I

커리어 코칭의 이해

Chapter 1 커리어 코칭의 개요와 전개

커리어와 코칭의 개념 이해

커리어와 나

커리어 코칭 스토리1 **코칭의 인연**

초보 코치일 때 겁 없이 커리어 코칭을 시도했다. 커리어 관련 일을 여러 회사에서 해왔으니 그만큼 편하게 생각했나 보다. 코치 전문 자격을 취득하고 나서, 가장 기뻤던 건 코칭을 통해 누군가에게 도움을 줄 수 있다는 사실이었다. 코칭을 배울 때도 그 점이 가장 좋았다.

커리어 코칭 스토리의 첫 주인공은 A다.

A는 자신을 사랑할 줄 아는 여성이었다. 당시 국립대 대학생이었는데 진솔하고 소통 능력도 좋았다. 지방에 살던 A는 주기적으로 서울로 올라왔는데, 그때마다 나와 코칭 대화를 이어 나가곤 했다. A의 꿈은 대기업에 입사하여 HRD(인적자원개발) 분야에서 일하는 거였다. 성실하고 활달한 A는 신뢰감을 주는 유형이었다. 자신이 원하는 결과를 얻어낼 거라 믿고, 늘 지지와 격려를 전했다. 대학에 이어 대학원에서도 성실히 공부한 A는 그렇게 바라던 L사에 입사했다. 자신이 원하던 HRD 분야에서 일하게 됐으니 성공이었다. 차근차근 준비해 온 노력이 큰 결실을 일궈냈다.

내게 코치의 보람을 처음 선사한 셈이다.

하지만 얼마 후 뜻밖의 연락이 왔다. 회사를 그만둘지 어떨지 생각 중이라고. 정말로 하고 싶은 일이 따로 있었던 걸까? 코치와 고객으로 다시 만나서 코칭 대화를 나눴다. 코칭 대화는 고객 자신이 원하는 방향으로 자기 이슈를 해결하도록 돕는다. A 역시 코칭을 진행하며 자신의 이슈를 스스로 해결했다.

3년쯤 지났을까? A한테 또 연락이 왔다. 이번에도 뜻밖의 연락이다. 결혼식 주례를 부탁한다고. 자기 인생에 영향을 준 사람으로 기억한다면서. 코치와 고객으로 만났지만 특별한 인연이 아닐 수 없다. 초보 코치 시절 만난 A는 이제 그 회사에서 중간관리자로 튼튼한 뿌리를 내리고 있다. 커리어 코칭을 통해 만난 나의 첫 고객, 그 첫 인연의 소중함을 지금도 간직할 수 있어 감사하다.

커리어 코칭 스토리2 코치가 된 고객

B는 대학 2학년생이었다. 코치로서 약간의 경험이 쌓인 시기에 만났다. B는 전과를 간절히 원했다. 대학에서 공식적으로 전과 기회가 있어서 1학년 내내 학점관리에 신경 썼다. 희망 전공과 관련된 대외 활동도 엄청나게 했다. 포트폴리오까지 만들 정도로. 하지만 전과에 실패했다. 담당 교수가 자신을 선택하지 않아 몹시 낙담하던 상태였다. 학교를 더 다녀야 할 이유를 찾지 못하던 참담한 상황의 그녀를 만나, 코칭 대화를 시작했다.

비록 전과는 못 했지만, 졸업 후 어떤 분야에서 어떤 사람으로 활동하고 싶은지에 대화의 초점을 두었다. 이야기를 풀어나가다 보니 B의 강점을 쉽게 찾을 수 있었다. B는 상당히 활동적인 데다가 판단력이나 표현력이 탁월했다. 글솜씨가 좋았고 블로그 활동도 열심이었다. 심지어 CEO, 변호사 등 사회적 포지션을 지닌 사람들의 네트워크에 학생 신분으로 참여했다. 코칭 대화를 하면서 B는 그 네트워크에 제안하는 일을 목표로 잡았다. 대학생이 가진 자원 중 가장 여유로운 것은? 바로 시간이다. 시간을 투자하면서 그들의 취약점을 돕는 것. B는 학생 신분으로 사회적 경험을 쌓는 쪽으로 방향을 잡았다. 코칭 대화는 이렇게 스스로 답을 찾게 만든다. B는 사회적 지위를 가진 회원들과의 소통 채널에서 점차 중심역할을 했다. 반응도 성공적이었다.

1년 후, B에게 연락이 왔다. 자신은 대학을 중퇴했으며, 지금은 교육과 커뮤니티 관련 회사 대표가 되었다고. B의 활동은 눈부셨다. 그것만으로도 충분했는데 B는 또 다른 도전을 했다. 자신이 하는 일을 더 잘하기 위해 전문코치가 되고 싶다며 나를 찾아왔다. 너무나 반가웠고 고마웠다. 그렇게 코칭 공부를 시작했다.

B는 웬만한 직장인, 임원, 심지어 대기업 CEO 출신들보다 스킬이나 판단력 등에서 우월했다. B가 특유의 사고력과 표현력으로 모두를 감탄시킨 적이 한두 번이 아니다. 실력은 학력과 아무 상관이 없다는 걸 B를 통해 확인했다. 코칭을 하다 보면 코치인

나를 닮고 싶다거나 나의 길을 따라가고 싶다는 말을 종종 듣는다. 고맙지만 어깨가 무겁기도 하다. 코치가 코치를 만들 수도 있다. 누군가의 커리어에 도움을 주는 건 참 보람된 일이다.

커리어 코칭 스토리3 코칭은 매칭

교양수업 시간에 자기소개를 시켰다. 대학생 C는 자기소개 대신 자기 상황을 토로했다.

"1학년 때는 노느라고 몰랐어요. 군대 다녀와서 2학년으로 복학하니 소프트웨어 개발 전공이 저랑 맞지 않아요. 고민이에요. 전 사회복지나 교육 분야에서 일하고 싶거든요. 그런데 그것이 제게 맞는 건지 또 모르겠어요."

안타까운 마음이 들었다. 수업을 마치고 잠깐 면담을 하자고 했다. 코칭 대화를 나눴다. 지금 전공을 선택한 배경에는 아버지의 입김이 있었다. 이공계가 취업이 잘되니 그쪽 전공을 선택하라고 강권했다.

요즘 갈수록 취업이 힘드니 취업에 도움이 되는 전공을 우선하는 경우가 빈번하다. C도 그중 하나였던 것. 진단을 통해 '흥미'를 파악해 보니 '논리적 사고'와 '숫자'를 다루는 데 영 흥미가 없었다. 전형적인 문과 계통으로 문과 성향 직업과 직무가 추천되는데, 이과에서 고통받고 있었다. 코칭 대화를 나눈 이후의 스토리는 이 책의 후반부에 다시 언급한다.

누구나 선망하는 직장에 취업하고도 얼마 못 가서 사표를 내는 경우가 많다. 왜 그럴까? 내가 어떤 사람(가치관, 신념 등)인지, 무얼 좋아하고, 무얼 잘하는지를 모르기 때문이다. 나를 알고(문제해결 방식) 나서 나한테 맞는 전공을 선택하고 취업을 준비하면 어떨까? 그렇게 한다면 시간과 노력 그리고 비용을 줄일 수 있다. 하지만 그런 과정을 거치는 사람이 많지 않다. 그런 관점에서 커리어 코칭은 꼭 필요한 분야다. 커리어 코칭에 대한 관심이 늘어나길 바란다. 나와 직장, 나와 직업, 나와 직무 등에서 미스매칭이 줄어들기 바란다.

삶의 과제와 커리어 환경

누구에게나 평생 따라다니는 중요한 이슈는 "뭐 해 먹고살지?"와 "어떻게 사람들과 좋은 관계를 유지하며 지내지?" 이 2가지로 요약된다. "뭐 해 먹고살지?"라는 물음은 지금 직업 세계로 입문하려는 사람이나 이직이나 전직을 고민하는 사람, 퇴직자들에게 절실한 주제다.

커리어에 대한 고민은 누구에게나 당면한 이슈다. 중고등학생은 진학을 위해, 대학생은 취업과 진로를 위해, 그리고 직장인은 최적의 직무 선택과 경력개발을 위해, 더 나아가 이직, 전직, 퇴직 후 제2의 삶 등으로 늘 커리어 이슈는 자기의 삶과 맞닿아 있다.

"공부를 더 해야 하나? 어떤 자격을 준비할까? 어느 시점에 옮기거나 퇴직할까? 퇴직을 대비하여 어떤 준비가 필요한가?" 평생 직장이란 개념도 없어지고 퇴직 시점이 짧아지고 있기에 누구나 수시로 해봤을 고민이다. 이렇게 무게감을 느끼는 삶의 과제에 얼마나 체계적으로 대비하고 있을까? 물론 주변의 동료나 선배 등을 통해 질문도 구하고 답을 찾으려 노력했겠지만 자기가 어떤 존재인지, 정말 원하는 삶이 어떤 모습인지에 대한 근본적인 질문은 진지하게 마주하지는 않았을 것이다.

학교나 전공을 선택할 때 혹은 직업을 선택할 때 적지 않은 사람들이 '일단 들어가고 보자.' 하는 마음으로 실행에 옮기는 일이 많다. 입학이나 취업이나 그 문이 좁고 경쟁도 심하고 녹록지 않으니 조급해진 이유도 분명하다. 계획한 준비에 집중하면서 커리어를 만들어 나가면 얼마나 기분이 좋을까?

채용 시장의 변화를 살펴보면 갈수록 채용 규모가 축소된다. 공개채용 비중이 축소되는 반면 수시채용이 증가하여 신규 입사자의 경우 취업 관문이 그만큼 비좁아졌다. 게다가 서비스와 같은 대면업종 채용은 더더욱 감소하는 추세다. 그 대신 상대적으로 교정이나 번역, 편집과 같은 비대면 업종의 채용 규모는 늘어나고 있다.

취업 변화를 꼽아본다면 직무중심 채용의 강화, 인턴십을 통해 검증 후 선발하는 추세다. 그렇다면 직무중심 채용과 인턴십을 거칠 때 어떤 직무에 도전할 것인가가 갈수록 중요해진다. 이에 대한 해답은 선호 직무 스타일을 파악하는 것이 크게 도움이 된다. 자신의 선호 직무 스타일을 찾아내는 방법은 Chapter 7의 '직무탐색'과 '일 처리 방식'에 자세히 소개했으니 참고하면 좋겠다.

요즘 채용 시장이 수시, 상시 채용으로 전환됨에 따라 긴 호흡을 가진 체계적인 커리어 관리가 필요해졌다. Chapter 8 '목표 행동 세팅'과 '목표 행동의 습관화 전략'을 참고하자.

무슨 일을 하든 오랫동안 만족한 상태로 일하고 싶지 않은가? 커리어 세계로 입문하기 위해 체계적인 준비를 마음먹었다면 잘한 선택이다.

표1 **채용 시장 트렌드와 취업준비**

채용 시장 트렌드	채용자 입장	지원자 입장
직무중심 선발	인턴십 검증	자신의 선호 직무 스타일 파악
	직무 적합성 고려	자신의 선호 직무 스타일 파악
소프트 스킬 중요시 (소통&협력)	긍정 태도	입체적 관점으로 긍정성 표현
	스트레스 대처 능력	상대의 욕구 파악과 이해
지원자 폭증	인공지능 면접 확대 추세 탈락자 기준 강화	AI 알고리즘 이해 욕구 진정성 강화
	수시/상시 채용으로 전환	체계적 커리어 관리

요즘 코칭이 대세다. 왜 그럴까? 분명 매력적인 이유가 있다. 컨설팅이나 티칭과 코칭은 뭐가 다를까? 코칭은 자기 문제에 대한 답은 자기 안에 있다고 믿는다. 가능성을 믿기에 자율성을 존중한다. 해결책에 초점을 두지 않고 존재(Being, 사람)에 초점을 둔다. 자신의 커리어를 설계하거나 누군가의 커리어 설계를 도와줄 때 코칭은 매우 효과적이다.

이제 커리어와 코칭을 접목하여 전개하는 방법과 사례를 소개한다. 커리어 세계를 이해하는 데 도움 되는 몇 가지 중심단어의 개념부터 알아보자.

커리어 코칭이란?

직업인으로 자기 분야에서 성공한 사람들의 특징은 '자기성찰 지능'이 높다. 자기성찰 지능이란 자기 자신을 돌아보는 사고능력이다. 예컨대 "나는 이 분야에서 어떤 사람이 되고 싶지? 내가 이걸 왜 하지? 어떻게 하면 잘할 수 있을까?"와 같은 질문이다. 커리어 코칭에 참여한다면 이와 비슷한 질문들을 만나게 된다.

"그동안 어떤 커리어를 쌓아왔나요? 또 어떤 커리어를 만들어 가고 싶나요? 10년 뒤 어디서 어떤 일을 하고 있을 때 가장 만족할까요? 어떤 것을 좋아하고 어떤 것을 잘하나요? 어떤 일을 할 때 가장 큰 보람을 느낄까요?"와 같은 질문도 만난다.

한 번뿐인 삶을 잘 살기 위해서는 수시로 자신을 돌아보면 좋다. 미래와 기회도 내다봐야 한다. 커리어 설계도 그렇다. 체계적으로 돌아보고 내다본 경험이 충분한가? 자기 혼자 해도 좋지만, 파트너가 있다면 더 효과적이다. 그런 파트너 역할을 잘 하는 사람들이 바로 코치다. 코칭은 커리어 이슈를 다루기 전에 커리어의 주체인 사람(존재, Being)을 소중하게 여긴다. 그래서 코칭은 매력적이다.

커리어 코칭과 유사한 단어가 '커리어 디자인', '커리어 설계', '커리어 컨설팅'이다. 이름은 다르지만 결과물은 서로 비슷하다. 다만 '커리어 코칭'은 코치가 답을 찾기보다는 참가자가 스스로 답을 찾아가도록 돕는다는 점이 '디자인', '설계', '컨설팅' 개념과 크게 다르다.

코칭 대화는 질문이 많다. 질문과 답을 찾는 과정에서 참가자의 에너지를 높여준다. 커리어 코칭은 참가자가 자기 삶의 주인공이 되도록, 어떻게 도울 것인가를 챙겨가는 과정이다.

이렇게 코칭 대화는 일반 대화와 크게 다르다. 커리어 코칭에 참가한 사람은 기(氣, Energy)와 기분(氣分, Feeling) 그리고 운(運, Luck)이 좋아지는 느낌을 받는다. 코칭에서 기분이 좋아질 때의 유익함은 그 즉시 생각이 열린다는 점이다. 그래서 코칭에 참가하면 전보다 더 총명해지고 밝아지며, 생각지도 못했던 아이디어를 떠올린다. 새로운 방식으로 자기 이슈를 해결해나갈 확률이 높다.

무엇이 다르기에 커리어 코칭이 이런 결과를 낼까?

첫째, 코칭은 '이슈'에 집중하기보다 '사람'에 집중하기 때문이다. 말하는 내용보다 말하는 사람에게 초점을 맞춘다. 그래서 참가자는 코칭 세션을 통해 공감, 격려, 지지, 응원, 축하의 말들을 자주 듣는다.

둘째, '과거'보다 '미래'를 지향하기 때문이다. 코칭은 과거나 문제의 원인을 다루기보다 다가올 미래와 취할 기회에 집중한다. "그 사건을 통해 무엇을 배웠나요?" 혹은 "이제 어떻게 되고 싶으세요?"와 같은 질문에 익숙해진다.

셋째, '감정단어'를 자주 사용하기 때문이다. "왜 그랬어요?" 보다는 "어떤 좋은 이유가 있었나요?"라고 묻는다. "목표가 무엇인가요?"보다 "어떤 결과를 얻으면 만족할까요?"와 같은 표현으로 질문하면 듣기에 편안하다.

중심단어 정리

코치: 코칭 참가자를 도와 코칭을 전개해가는 사람을 뜻한다. '카운슬러'는 '상담사'라는 우리말을 병행하는데, '코칭' 혹은 '코치'에 적용할 우리말은 아쉽지만 없다. 문제 제기만 할 수 없어서 대안을 제시해 본다. 좋은 질문은 좋은 답을 찾는다. 코칭의 꽃은 질문이다. 그러니 코치를 질문을 잘하는 사람, 즉 문사(問士)라고 하면 어떨까? '사(士)'는 선비를 뜻하고, 시험으로 자격을 취득하

면 주로 '사'를 붙인다. 변호사(辯護士), 회계사(會計士), 기술사(技術士). 그러니 비교적 적절하다는 생각이다.

코칭: 코칭에 대한 우리말은 없지만 코칭이 산파술임은 대부분 안다. 소크라테스의 질문법 덕분이다. 코칭 또한 안에 있는 것을 끌어내는 산파술이다. 그래서 코칭을 산파술이라고 해도 좋겠다. 하지만 산파(産婆)의 '파(婆)'가 할미라는 뜻인 게 걸린다. 그럼 '지혜로운 대화'를 뜻하는 지담(智談)은 어떨까? 상담이라는 단어와 잘 어울리는 한 짝이 되지 않을까 싶다.

참가자: 대부분 '코칭을 받는다.'라고 표현한다. '교육을 받는다.', '상담을 받는다.'에 익숙해서 그렇다. 코칭받는 사람을 고객, 클라이언트, 피코치, 코치이(Coachee)라고 부른다. 하지만 달리 생각해 보면 어떨까? 코칭은 '클라이언트와의 수평적 대화'인데 왜 '받는다'라고 할까? 그 표현은 왠지 상호관계가 수평적이지 않다는 느낌을 준다. 클라이언트가 주체적 입장임을 확실히 하면 좋겠다. 그래서 이 책에서는 '참가자'로 표현했다. "내가 코치를 선택해서 코칭에 참가했다."로 표현하는 게 힘 있어 보인다. "코칭을 받는 것이 어떨까요?"보다 "코칭에 참가하면 어떨까요?"라고 해 보자. '참가자'는 능동적이며 주체적인 존재임을 존중하자.

커리어: '커리어'라는 의미는 폭이 넓다. 개인이 일생 동안 달성한 일련의 역할 혹은 하는 일의 전체를 말한다. 작게는 '직업'이라는 의미로도 사용된다. 삶에서 직업 세계와 연관된 부분을 커리어라

고 할 수 있다. 물론 직업을 준비하기 위한 배움의 과정도 커리어에 포함한다. 우리말로 경력이다. 직장 경력, 학업 경력(학력)이 여기에 해당한다.

커리어 설계: 직업과 학업을 자신의 특성에 맞게 계획하는 일련의 과정을 말한다. 진로계획이나 경력개발 설계(CDP, Career Development Plan), 진학계획이 여기에 포함된다. 요즘엔 비슷한 의미로 '커리어 디자인'이라는 용어도 자주 사용된다.

커리어 코칭: 참가자가 자신의 커리어 이슈에 대하여 스스로 '문제 해결자' 임무를 수행하도록 지원하는 과정이다. 커리어 상담이 직업상담에 가깝다면 커리어 코칭은 직업 이슈로 사람을 바라보기보다는 사람에 집중하여 스스로 답을 찾아가도록 돕는 과정이다. 보통 직업상담에서는 취업과 관련된 직장 후보 선택, 직접적인 자소서 작성이나 면접 등 구직활동에 중점을 둔다.

하지만 커리어 코칭은 참가자 내면의 자원(Resources)을 찾는 일에 먼저 집중한다. 내적 에너지로 미래와 기회를 찾아 나가는 것을 지향한다.

커리어 코칭의 전개

커리어 코칭은 참가자의 요청에 따라 세션(Session)을 정한다. 코칭은 진단검사 후 단발성으로 전개할 수 있고, 5세션 이상 할 수도 있다. 코칭은 의뢰하는 사람과 코칭 참가자가 동일인인 경우가 많다. 하지만 분리되는 경우도 적지 않다. 즉 조직이나 학교 또는 부모가 의뢰자, 직원이나 학생 또는 자녀가 참가자인 경우다.

코칭 기간

커리어 코칭이 5~6회의 세션으로 진행되는 경우, 매주 1세션씩 진행한다면 5~6주가 걸린다. 2주 간격으로 진행하면 10주~12주(3개월)이 걸린다. 참가자의 시간적 여건이나 화급한 정도 등에 따라 세션 간격을 조정할 수 있다.

코칭 형태

코칭 형태는 2가지로 구분한다. 하나는 참가 인원에 따른 구분, 다른 하나는 세션 내용에 따른 구분이다.

인원에 따른 구분: 참가자가 한 명이면 '1:1 코칭'이라고 한다. 세션당 60~90분이 소요된다. 참가자가 2명 이상이면 그룹 코칭이다. 이 책에서는 그룹 커리어 코칭도 염두에 두었다. 그룹 코칭인 경우 2시간~2.5시간 진행한다. 그룹 코칭은 참가자 한 사람,

한 사람에게 집중하기 어렵다는 단점이 있다. 그러나 또래 집단의 상호작용을 통해 자극이나 정보, 생각을 함께 나누며 통찰한다는 장점도 있다. 비용 측면에서도 유리하다.

내용에 따른 구분: 세션별로 주제를 미리 합의하여 정해놓고 전개하는 '구조화', 큰 그림만 합의하고 세션별로 약간의 유연성을 두는 '반(半)구조화', 그리고 상황에 따라 개방적으로 전개하는 '비(非)구조화' 방식이 있다. 학생 대상의 진로탐색 커리어 코칭인 경우, 구조화 방식을 많이 활용한다. 세션별로 어떻게 구조화하여 코칭을 전개하는지 그 사례도 알아보자.

1세션	2세션	3세션	4세션	5세션	6세션
합의와 O/T	흥미와 관심 분야	강점과 적성	직업적 비전과 미션	목표와 실행계획	자소서와 면접 준비

그림1 **세션 구조와 설계의 예시**

코칭 설계

참가자의 커리어 준비에 따라 세션이 늘어날 수도 있다. 다루는 주제나 기간, 간격 등의 조절이 필요할 때는 코치와 의뢰인 혹은 참가자와 상호 합의한다. 그렇게 코칭을 설계하는 것이 바람직하다.

코칭 계약

코칭 설계에 따른 내용을 코칭 계약서에 반영하여 합의한다. 계약
서에 상호 사인하고 공식화하는 절차를 갖는다. 코칭에 대한 몰입
이나 상호 책임을 더 느끼게 되므로 이 단계는 건너뛰지 않는다.

국제코치연맹의 핵심코칭역량 모델

합의를 도출하고 유지한다

Establishes and Maintains Agreements

정의 참가자 및 이해 관계자와 협력하여 '코칭 관계', '프로세스', '계
획 및 목표'에 대해 명확히 합의한다. 개별 코칭 세션은 물론 전체 코
칭 과정에 관한 합의를 도출한다. – 핵심역량 3

Definition Partners with the client and relevant stakeholders
to create clear agreements about the coaching relationship,
process, plans and goals. Establishes agreements for the overall
coaching engagement as well as those for each coaching
session.

커리어 코칭의 효과

공부의 효과와 코칭의 효과는 같다. 공부하면 무엇이 달라질까? 유학의 고전인 《대학(大學)》은 공부의 효과를 파악하는 3가지를 소개한다. 바로 "밝아졌나?" "새로워졌나?" "좋은 상태에 머무나?"다. 코칭을 마치고 위의 3가지 질문에 "그렇다."라고 답한다면 효과를 거둔 것이다. 이 책을 읽은 답도 "그렇다."이길 바란다.

　이제 편안한 마음으로 하나씩 살펴보자.

　첫째, 명명덕(明明德). 자기 안의 강점(미덕)으로 스스로 밝아졌는가? 총명, 현명의 명(明)이다. 커리어 코칭은 자기 존재에 대한 의미를 확장시킨다. 수도 없이 많은 자신의 강점을 확인하게 된다. 자신감과 자존감이 커지면서 자신과 세상을 더 밝은 관점으로 본다.

　둘째, 신민(新民). 새로워졌는가? 배웠으니 밝아진다. 밝아졌으니 다른 사람을 대할 때 새로워진다. 주어진 과제 혹은 관계 속에서 자기답게, 자신감 있게 행동한다면 그것처럼 좋은 것이 또 있을까? 커리어의 성장은 일이나 과제를 통해 일어난다. 남들이 달라졌다고 느낀다면 바람직하다.

　셋째, 지선(止善). 좋은 상태에 머무는가? "알고 보니 다 좋은 것인데, 눈에 보이는 것이 전부인 줄 알았네.", 혹은 "역경은 나를 성장시키고, 배움을 얻게 하는 기회였네."라는 깨달음이 온다.

마음이 평온한 상태에 머문다. 상황이나 문제에 대해 스스로 이해하는 힘이 생기면 잘 배운 것이라 하겠다.

코칭의 효과는 이렇게 단계별로 3가지를 꼽는다. 시간 단계별로 그 효과를 파악하면 된다. 코칭 세션 중 참가자가 인식의 변화를 말하면 잘된 코칭이다. "아하! 그렇구나.", "맞아요. 제가 알고 있었는데 까마득히 잊고 있었네요."처럼 의식의 확장, 알아차림, 깨달음, 통찰을 얻으면 밝아지는 것이 된다.

코칭의 첫 번째 효과는 인식의 변화다. 다음은 학교와 전공을 세 차례 옮긴 대학생과의 코칭 대화다.

사례1 인식의 변화

참가자 저는 부족한 게 많고 도피하는 사람이에요.

코치 다른 학교로 옮긴 걸 도피라고 생각하나 봐요?

참가자 예.

코치 저는 도전하는 사람으로 보이는데요? 마음에 들지 않으면 도전하고 또 도전하면서 어려움을 계속 이겨내는 사람 같은데요?

참가자 아! 코치님의 질문을 받고 보니 제 관점이 열려요. 생각해보니 그러네요. 저는 왜 그런 관점을 갖지 못했을까요? 맞아요. 저는 만족할 때까지 도전하고 있어요. 감사합니다.

두 번째 효과는 행동의 변화다. 코칭은 대개 1~2주 간격으로 이루어진다. 행동의 변화는 그 세션과 다음 세션 사이에서 일어난다. 코칭 세션 종료 직전, 코치는 참가자에게 세션과 세션 사이에 어떤 것을 실행할지 묻는다. 그리고 실행약속을 응원한다. 혼자서 하는 다짐보다 타인과 약속을 하면, 지킬 가능성이 훨씬 커진다. 코치는 지난 세션에서 약속했던 실행이 어떠했는지 꼭 묻는다. 그 가운데 무엇을 느꼈고, 무엇을 얻었는지, 주변 사람들의 반응은 어떠했는지 물어가며 성찰을 돕는다.

사례2 세션 간 변화 행동에 대한 성찰

코치 지난 일주일 동안 실행했던 것을 들려줄 수 있나요?

참가자 지난번 코치님과 약속한 강점 리스트를 만들었어요. 친구 3명과 메시지로 강점에 관한 이야기를 주고받았어요.

코치 해보니 소감이 어떤가요?

참가자 친구들이 저도 잘 몰랐던 강점을 말해서 깜짝 놀랐어요. 왜 그런지 이야기를 듣고 보니 저 자신에 대해 더 알게 됐습니다.

코치 그 강점을 어떤 상황에서 활용하면 삶에 도움이 될까요?

참가자 음……. 그것까지 생각 못 해봤는데요. 맞아요. "설득력과 표현력이 좋다."라는 말을 들었죠. 앞으로 팀플레이에서 제가 발표자 역할을 맡으면 좋겠어요.

세 번째 효과는 주변 사람들에게 주는 영향력이다. 참가자의 모습을 보고, 따라 하거나 배우려 한다면 좋은 역할 모델을 한 셈이다. 영향력을 확산시킨 부수 효과를 얻었기에 코칭 효과라고 말할 수 있다. 코칭을 시작할 때 참가자에게 "주변 사람들에게 코칭에 참여 중이라고 알리면 좋겠다."라고 권한다. 시간과 노력, 비용을 투자하는 만큼 효과를 얻기 위해서다. 주변인의 지지나 응원을 받는 것은 새로운 습관을 만드는 데 큰 도움이 된다. 외부에 공표하면 할수록 실행에 대한 책임 의식은 커진다. 참가자의 커리어 설계 과정이나 결과물을 보고, 주변 사람이 자신도 저렇게 준비하겠다는 마음을 갖는다면 좋은 효과임에 틀림없다.

사례3 참가자의 변화에 대한 주변인의 반응

코치 코칭을 시작한 지 4주가 지났네요. 그간 친구들이 어떤 피드백을 해주던가요?

참가자 제가 변하긴 했나 봐요. 의식적으로 한 건 아니지만, 코치님이 해주시는 질문이 효과적이라는 생각이 들어 저도 질문을 자주 했나 봐요. 서로 고민거리를 나누는 친구가 있는데 제가 하는 질문을 들으면 자극이 된다고 해요. 친구도 저처럼 커리어 설계를 하고 싶다며 도움을 청하네요.

코치 좋은 소식이네요. 도움을 줄 수 있는 입장이 이미 된 것 같아요. 축하합니다. 질문할 줄 아는 사람이 된 것 같은데, 그런 강점을 어떤 상황에서 더 활용하면 좋을까요?

참가자 아, 생각났어요. 스터디 모임에서 질문을 더 많이 해야겠어요. 다른 관점이나 다른 처지에서 생각하는 훈련이 되겠어요.

코치 그렇게 한다면 멤버들의 반응은 어떨까요?

참가자 싫어하지는 않을 것 같아요. 시간이 갈수록 스터디 모임의 정체성을 만들어 나갈 수 있을 거예요.

커리어 코칭의 산출물

커리어 코칭은 시각적 혹은 서술적 결과물을 만드는 것이 중요하다. 커리어 준비 과정은 실제 커리어 실행과 연결된다. 취업이나 이직 등에는 자기 확신이나 자신감이 필요하다. 충분한 준비 과정과 가시적 결과물을 통해 원하는 바를 얻기 때문이다.

따라서 단계별로 어떤 결과물을 도출할지 파악하는 게 좋다.

단계	Stage 1 분석단계	Stage 2 탐색단계	Stage 3 실행촉진단계
내용	· 자기분석 · 리소스 확인 · 나는 어떤 사람인가?	· 직무/직업/직장탐색 · 직업가치관 매칭 · 어디로 갈 것인가?	· 커리어비전 세팅 · 자소서/면접 준비 · 어떻게 할 것인가?
산출물	· 자신감/자존감 · 열정/흥미 · 강점/적성 · 접근/회피동기 · 스트레스 예방	· 선호 업무 스타일 · 직업가치관 · 희망 직업과 직무	· 비전시트 · VMOV카드 · 스토리텔링 · 자기소개서

그림2 **커리어 코칭 단계별 산출물**

코칭 세션 시간을 절약하면서도 효과를 높이는 방법을 알아보자. 먼저, 코칭할 내용을 사전 과제 형식으로 참가자에게 주는 방법이다. 그리고 코치가 결과물 양식을 미리 준비해서 제공하는 것도 도움이 된다.

코칭 산출물들은 결국 스토리텔링, 자기표현과 연결된다. 스토리텔링은 중요하다. 아무리 좋은 과정을 거쳤다 하더라도 자기표현을 잘못하면 낭패를 볼 수 있다. 따라서 탐색 과정에서 자기 이야기를 충분히 할 기회를 제공한다. 모든 단계마다 결과물을 말로 표현하게 하고, 잘 정리해 두도록 요청한다. 그것이 바로 그림2의 'Stage 3 실행촉진단계'다.

코칭 과정을 한 단어로 정의한다면 결국 스토리텔링이다. 이슈도 스토리요, 풀어가는 과정에서 "그 순간 어떤 기분이었나요? 그래서 어떻게 반응했나요?"와 같은 질문도 스토리를 만들어가는 과정이기 때문이다. 세션과 세션 사이에서 어떤 시도를 했는지, 반응은 어땠는지를 스토리텔링으로 묻고 답한다. 그다음 세션을 시작하면 또 스토리텔링을 하게 된다. 따라서 참가자가 변화와 성취를 이룬 스토리를 말하지 않는다면, 코치 역시 성취를 얻기 어렵다. 코칭 과정에서는 이렇게 끊임없이 스토리를 나누게 되므로, 나는 참가자에게 스토리텔링 공식을 알려준다. 스토리에 빠진 부분이 있으면 공식에 따라 질문하며 채우기도 한다.

Chapter 3 '스토리와 스토리텔링 공식'을 참조하자.

Chapter 2 커리어 코칭 모델

커리어 코칭 모델이란?

질문 아는 사람의 소개로 한 대학생을 만났습니다. 취업에 관련한 고민을 털어놓은 학생은 선배로서 취업에 관해 조언해달라고 합니다. 당신은 아주 친절한 데다 시간적 여유도 있어서 도움을 주고자 합니다. 이런 상황이라면 어떤 순서로 이야기를 풀어 가시겠습니까?

대답

그림3 폴 고갱 〈우리는 어디서 왔으며, 누구이고, 어디로 가는가?〉

폴 고갱의 〈우리는 어디서 왔으며, 누구이고, 어디로 가는가?〉 작품은 제목 자체로 우리에게 큰 울림을 준다. 삶에 대한 본질적인 물음이기 때문이다.

"난 누구? 여긴 어디? 갈 곳은 어디?"라고 자신에게 묻는다면 뭐라 대답할까? 쉽지 않지만 자기 삶의 주인이라면 스스로 답할 줄 알아야 한다. 살아가면서 답이 변한다고 해도 문제 될 것은 없다. 삶의 방향을 바로 잡기 위한 핵심 질문은 'Who-Where-How'이다. 이 질문은 3가지 관점을 다룬다. 코칭은 '과거'에는 관심이 적다. '미래'를 향해 나아가는 것에 주목한다.

첫째, 당신은 어떤 사람인가? Who are you?

둘째, 어디를 향해 가고 싶은가? Where are you going to?

셋째, 어떻게 거기에 가면 좋을까? How will you get there?

일상적인 대화가 솔루션에 집중한다면 코칭 대화는 사람에 집중한다. Who가 가장 먼저 나오는 이유는 사람이 가장 중요하기 때문이다. 다시 강조하자면 How보다 Who가 늘 먼저이다.

그림4 커리어 코칭 모델을 보면 코칭의 핵심요소가 한눈에 보인다. 코칭에서 다루어야 할 핵심들을 뽑아 상호관계와 순서를 정리했다. 그 의미와 접근 방안을 탐구하자. 커리어를 다루면서 코칭 참가자가 어떤 사람인지를 빠뜨린다면? 꿈이나 목표를 설정하고 만족감이 들어도 진짜 원하는 것인지, 어떤 내적 동기를 일으키는 것인지가 모호할 수 있다.

커리어 코칭 모델의 특징

① Love Myself: 자기 자신을 사랑하는 마음으로 자신을 분석하기.

② Love My Work: 자기가 어떤 일을 좋아하는지 파악하고, 현재 하는 일에서 좋은 점을 찾아내기.

③ Love My Life: 자기 삶을 사랑하기.

커리어 코칭 모델은 주요 요소뿐 아니라 코칭 전개의 프로세스와도 밀접한 연결성을 보여준다. 앞으로 각각의 항목을 어떻게 다루는지 자세히 소개하겠지만, 개요를 설명하면 다음과 같다.

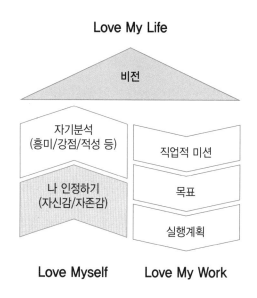

그림4 **커리어 코칭 모델**

사례4 Love Myself 주제로 생각-행동 챙기기

질문 내가 나를 사랑해야 할 이유는 무엇인가?

대답 자신을 사랑해야 그 사랑을 다른 사람에게 나눠줄 수 있기 때문이다. 말은 쉬운 것 같지만 실천하기는 어렵다. 끝날 수 없는 인생 과제라고 생각한다.

질문 나는 나를 얼마나 사랑하고 있나? (10점 만점에 몇 점?)

대답 나는 나를 7.85점 정도 사랑하고 있다.

질문 언제까지 몇 점에 도달하면 좋을까?

대답 올해 안에 나를 10점까지 사랑하면 좋을 것 같다.

질문 내가 나의 무엇을 보면 나를 사랑하고 있다고 알아차릴 수 있을까?

대답 나는 이것저것 하면서 부지런히 움직이고 하루를 알차게 보냈을 때, 만족스러움을 느낀다. 하루를 잘 보내는 게 나를 사랑하는 것이라고 새삼 알게 되었다.

질문 그렇게 되기 위해 하고 싶은 행동 2가지는?

대답 첫째는 일찍 일어나기다. 할 일이 없더라도 7시에는 일어나겠다. 일어난 뒤 침대에서 스마트폰을 만지지 않겠다. 청소하든, 씻든, 옷을 정리하든, 사람을 만나든, 요리하든. 무엇을 하든 부지런하게 움직이겠다.

둘째는 자기 관리다. 겉모습뿐만 아니라 내 건강, 내 분위기까지 소중히 가꾸겠다. 여기서 가꾼다는 것은 예쁘게 치장한다는 의미가 아니다. 자신을 마주했을 때 자신감 있는 모습을 느끼고 싶다.

국제코치연맹의 핵심코칭역량 모델

코칭 마인드셋을 구현한다

Embodies a Coaching Mindset

정의 개방적이고 호기심이 많으며, 유연하고 고객 중심적인 사고방식(마인드셋)을 개발하고 유지한다. 코치는 자기 자신과 다른 사람들이 상황과 문화에 의해 영향받을 수 있음을 인지하고 개방적 태도를 취한다. - 핵심역량 2

Definition Develops and maintains a mindset that is open, curious, flexible and client-centered. Remains aware of and open to the influence of context and culture on self and others.

코칭 프로세스

코칭 전개는 '코칭 시작 전 단계'와 '코칭 단계'로 구분할 수 있다. 코치가 사전에 준비할 것은 웰컴 레터 패키지(Welcome Letter Package)다. 이 패키지에는 코치 소개, 코칭 안내 개요, 코칭 계약서, 취업 준비도, 간단한 오프닝 질문 등이 포함되면 좋다. 코칭 시작 전에 참가자의 기본적인 이해를 돕고, 코칭 시간을 보다 효과적으로 활용하기 위해서다.

코칭 사전 준비

코치가 누구인지 소개하는 것부터 출발한다. 왜냐하면 코치가 어떤 사람인지 알아야 신뢰할 수 있기 때문이다. 이 소개는 참가자에게 자기소개서의 모델이 될 수 있으므로 세련된 모습을 갖추는 것이 좋다.

다음은 코칭 안내 개요(코칭 오리엔테이션)다. 참가자가 코칭이 무엇인지 잘 모르는 경우가 많기도 하지만, 기존의 대화와 형태가 다른 점, 특히 코치가 답을 제시하기보다 참가자 스스로 찾아간다는 점을 먼저 간단명료하게 소개하는 게 좋다. 이런 방식에 부담을 크게 갖지 않도록 친절하게 안내하고, 코칭 후기를 성공 사례로 간단하게 소개해도 효과적이다.

코칭 계약서를 준비하여 약속을 미리 확인해도 좋다. 계약서는 참가자에게 익숙한 것이 아니다. 하지만 뭔가 형식을 갖췄다는 점에서 긴장감과 상호책임감, 신뢰도를 높일 수 있다. 코칭 계약서에는 코칭 목적, 용어의 정의, 코칭 형태, 코칭 비용, 참가자의 의무, 코치의 의무와 같은 내용을 담는다. 첫 세션 때, 계약서 2부를 준비하여 함께 읽고, 합의되면 상호 사인한 후 나눠 가진다.

코칭을 위한 사전 질문은 필수는 아니지만, 첫날 대화의 물꼬를 트는 데 좋은 도구다. 미리 질문하여 그 응답을 이메일로 받는다. 코칭에 대한 마음의 준비가 어떠한지 알 수 있고, 참가자 성향도 알 수 있어서 효과적이다. 질문 내용을 구성할 때, "지금 나의 행복지수를 점수로 표현한다면 몇 점인가요? (1~100점까지)", "개인적으로 기억에 남은 가장 즐겁고 기뻤던 일이 있다면 무엇인가요?", "시간 여유가 있을 때 주로 무엇을 하면 기분이 좋아지나요?"와 같이 긍정 감정을 끌어내거나 편하게 대답할 수 있는 질문이 좋다. 첫 만남에서 첫 대화를 쉽게 풀어가면 친밀함을 높이는 데 도움 된다.

코칭 세션 전개 프로세스

코칭을 시작할 때는 참가자에게 '초점'을 두는 것이 중요하다. 코칭은 존재에 대한 인식에서 출발한다. 사람에 초점을 맞춰 시작하여 원하는 결과를 얻도록 전체 프로세스를 구상하자.

예를 들면, 첫 세션에서는 자존감과 자신감을 높이기 위해 성취 스토리를 통한 강점 파악과 성격에 대한 올바른 이해를 돕는 것이 좋다. 대부분 커리어 설계를 앞두고 자기 자신을 낮춰보는 경향이 있기 때문이다.

참가자의 직감을 존중하는 것도 좋지만, 더 객관적인 설계를 위해 진단 도구를 활용할 수도 있다. 시간을 압축하여 효율적으로 쓰기 위해 첫 세션 시작 전에 진단을 요청하기도 한다. 가장 보편적인 진단들은 워크넷 사이트에 있다. 직업선호도, 직업적성, 직업가치관 등을 세션별 주제에 따라 차례대로 요청하면 된다.

간편하면서도 재미를 느끼게 하는 방법으로 다양한 카드를 활용하기도 한다. 이미지 카드, 흥미 카드, 강점 카드, 가치 카드, 자아 선언문 카드 같은 도구의 반응이 좋다. 카드 활용법은 이 책의 Chapter11 '그룹 활동 촉진 스킬'을 참고하자.

이렇게 자기탐색을 하고 난 후엔 직업탐색과 같은 미래 설계를 진행한다. 이 과정은 목표에 따른 실질적이고 구체적인 행동을 설계하고, 촉진하는 역할을 한다. 프로세스를 요약하면 다음과 같다.

1단계 자존감/자신감: 진학이나 진로를 앞둔 참가자는 커리어 설계 시에 심리적으로 불안한 마음이 크다. 미래는 불투명하고, 자신이 어디에 적합한지도 모르겠고, 무엇을 잘할 수 있는지 몰라서 마음이 위축되기 때문이다. 따라서 자신감을 확보하는 것이 최우선이다. 없는 것을 밖에서 구하는 것이 아니라, 자기 안에 이미 가지고 있는 자원을 찾아서 사용하도록 가이드하면 자신감과 자존감이 커진다. 이런 심리적 지원은 매우 중요하다. 커리어 코칭의 첫 단계를 잘 다루게 되면 탄력을 받아 순조롭게 출발할 수 있다. 자기 자신을 인정하는 마음이 커질수록, 에너지가 커지고 생각이 밝아지면서 자기탐색이 더 잘된다. 커리어 코칭은 참가자의 자기 인정에서 출발하되 거기서 멈추지 않는다. 매 코칭 세션에서 참가자의 존재를 인정하는 것을 계속 반복한다. 자신감과 자존감은 마치 자동차의 에너지원처럼 지속적으로 필요하기 때문이다.

2단계 자기분석: 과거를 돌아보며 현재의 참가자를 분석한다. 다양한 분석방법을 사용한다. 검사 도구를 활용한 진단이나 재미있게 다룰 수 있는 카드 혹은 코치의 질문 등으로 분석을 전개한다.

3단계 비전과 미션: 꿈과 미래를 상상하며, 가슴이 설레는 비전과 미션을 찾아가는 단계다. 이 단계를 거치면서 가슴이 뛴다면 아주 좋은 결실을 얻었다고 할 수 있다.

4단계 목표와 실행계획: 미래에 대한 꿈을 목표와 계획으로 구체화한다. 비전이 장기적이라면 목표와 실행계획은 단기적이라고 할 수 있다. 여기에는 과제와 시간계획이 포함된다.

안전감과 참여 동기

코칭 첫 세션의 시작부터 참가자가 친밀감이나 신뢰감 그리고 심리적 안전감을 가지면 그만큼 자발적 참여도가 높아진다. 특히 그룹 코칭인 경우, 개인의 프라이버시를 공개적으로 드러내놓고 진행하게 되므로 상호 친밀감, 신뢰감 등을 느낄 수 있게 환경을 만드는 것은 매우 중요하다. 코치가 어떤 사람인지 소개하는 것을 비롯하여 참가자 각자 자기소개를 통해 자기를 개방하는 시간이 꼭 필요하다. 코치가 참여 동기를 서로 이야기하도록 하면서 마음의 준비 등을 알아보는 것도 좋다.

자기개방 질문 세트의 예
① 가보고 싶은 나라, 장소
② 좋아하는 색, 노래, 영화, 드라마
③ 평소 즐겨 먹는 음식, 취미 활동
④ 커리어 코칭에 참가하게 된 동기

어느 정도 개방이 이루어지면 상호 약속이 중요하다. 이른바 '그라운드 룰(Ground Rules)'이다. 이 '아름다운 우리의 약속'은 그룹 코칭의 장이 안심 지대가 되도록 만든다. 그라운드 룰을 함께 만들어가는 것도 좋으나, 시간 절약 혹은 상황에 따라 몇 가지 예시를 보여주고 고르도록 하는 것도 좋다. 매 세션을 시작할 때마다 합의한 그라운드 룰을 리마인드하면 그만큼 상호관계를 촉진할 수 있다.

그라운드 룰의 예
① 이 공간에서 나눈 개인 이야기에 대해서는 비밀을 유지한다.
② 공감, 칭찬, 격려, 깨달은 점 등 리액션을 적극적으로 한다.
③ 골고루 발언할 기회를 위해 발언은 2분을 초과하지 않는다.
④ 종료 직전 실행약속한 결과는 다음 세션에서 발표한다.

이 책 Chapter 11 '그룹 활동 촉진 스킬'에서 다시 다루었으니 참고하자.

자존감 높이기

코치의 역할에서 참가자의 기운을 높이는 것은 매우 중요하다. 그룹 활동할 때 다음과 같은 활동을 하게 되면, 놀이 참여에 개방적이 된다. 상호 친밀감도 좋아지고, 에너지가 높아진 상태에서 활동하는 기반이 된다.

셀프 칭찬하고 인정하기

발표자는 최근 일주일 동안 자신이 잘한 행동을 말한다. 나머지 그룹 멤버들은 발표자에게 손뼉 쳐준다. 발표자의 내용을 듣고 발표자가 어떤 사람이라는 느낌이 들었는지 돌아가면서 인정, 칭찬한다. 1:1 코칭 상황에서는 코치가 인정, 칭찬한다. 아래의 예시를 보자.

발표자 어제 과제 준비로 바빴지만, 어머니가 편찮으셔서 병원에 동행해 진료를 받게 해드렸어요.

그룹 멤버1 효자이고 정이 많으신 분이시네요.

그룹 멤버2 어머니가 빨리 나으실 것 같네요. 어머니에게 아주 사랑스러운 아들이네요.

질문 활용하기

대답하기 쉬우면서도 긍정 감정을 유발하는 질문을 활용한다. 아래의 질문과 리액션 예시를 보자.

코치 기적 같은 일이 생겨 수중에 천만 원이 생긴다면 무얼 할 건가요?

발표자 프랑스, 이탈리아, 스페인 여행을 다녀오겠어요. 거기서 미술관, 박물관 중심으로 한 달간 여행하면서 디자인 감각을 익히고, 응원하는 축구 팀 경기도 직관하면 좋겠네요.

그룹 멤버 미적이고, 활동적인 것을 좋아하는군요. 지금 보니 패션 감각도 좋으시네요.

감사 찾기

감사한 이유를 떠올릴수록 자존감이 커진다. 누구에게 어떤 이유로 감사한지를 작성하는 방법도 있고, 코칭 기간 동안 감사일기를 쓰는 것도 자존감을 높이는 방법이다. 감사한 마음을 키우기 위한 팁을 제공한다.

첫째, 감사할 이유를 한 번 더 생각해 보자. 영어의 생각(Think)과 감사(Thank)는 어원이 같다. 깊은 생각이 감사를 불러일으킨다. 감사할 이유가 거창할 필요는 없다. 생각해 보면 아주 사소한 것도 감사하다. 감사는 감사를 부르기에 작은 감사를 반복하면 큰 감사거리를 만난다. 감사일기를 10년 넘게 썼던 이유가 그랬다. 내면의 좋은 에너지가 좋은 결과를 가져다준다.

둘째, 자신에게 감사하라. '성 어거스틴'은 이런 말을 남겼다.

"인간은 높은 산과 태양과 별들을 보고 감탄하면서 정작 자신에 대해서는 감탄하지 않는다." 자신에게 감사하는 것은 매우 중요하다. 그럴수록 자신을 괜찮은 사람으로 여기게 된다.

표2 '감사한 사람' 실습하기

감사한 사람	감사 내용	감사 표현

행복한 이유

앞의 감사 찾기와 비슷하다. 다들 행복은 자기 안에 있다고 믿으면서도 외적 조건에 따라 행복하다고 인식하는 경향이 있다.

행복은 셀프다. 남이 나를 행복하게 만들어주기를 기다리지 말자. 나 스스로 행복을 느끼고, 행복을 만들어가면 주변 사람들에게 행복 바이러스를 퍼뜨리는 힘도 커진다. 아름다운 추억을 떠올리거나 밝고 희망찬 미래의 모습을 상상하기만 해도 행복감은 높아진다.

표3 '나는 언제 행복한가?(과거, 현재 혹은 미래 시점)' 실습하기

언제	어떤 상황에서	어떤 행복감을 느끼는가?

질문 카드

질문 카드 중 무작위로 카드를 골라, 서로 질문하면서 상대방을 인정하거나 칭찬하는 방법이다. 2인씩 짝을 이뤄 해도 좋고, 그룹으로 진행해도 좋다. Chapter 9 '경청 스킬'과 Chapter 11 '그룹 활동 촉진 스킬'에서 다시 소개한다. 다음은 질문 카드를 활용한 2인 대화의 예시다.

질문자 (질문 카드를 보고 읽으면서) 평소 시간이 날 때 무엇을 주로 하세요?

응답자 저는 주로 조용한 음악을 들으면서 가벼운 소설책을 읽습니다. 소설을 읽으면, 다양한 삶의 모습을 보고 배우는 게 많아서 좋아요.

질문자 배움을 소중히 여기는 분이시네요. (혹은) 자기 성장에도

관심이 많은 분이네요.

Good News

최근에 있었던 좋은 소식을 나눈다. 자기 이야기가 아니더라도 주변 사람 이야기도 좋고, 기대하는 것도 좋다. 일주일마다 만난다면 세션마다 코치와 둘이서 할 수도 있고, 그룹 활동으로 할 수도 있다. 아이스 브레이크용으로 활용해도 좋다. 예시를 보자.

응답자1 목욕을 시켰더니 우리 고양이가 훨씬 예뻐졌어요.

응답자2 사장님이 일을 잘한다고 예쁜 선물을 주셨어요.

자존감 박수

그룹 환경에서 다 같이하면 효과적이다. 마음을 집중하기 때문에 행동에 통일감이 있고, 박자가 잘 맞으면 하나가 되는 느낌을 전해준다. 입으로 외친 말이 다시 자기 귀로 들어오기 때문에 자기 암시에도 효과가 좋다. 예시를 보자.

먼저 "나는 내가 정말 좋다!"라는 구호를 한 글자씩 외치고 박수를 한 번씩 친다. 다음엔 두 글자씩 외치고 박수 두 번씩을, 그 다음엔 네 글자를 외치고 박수를 네 번씩 친다. 마지막으로 여덟 글자를 한 번에 외치고 박수를 여덟 번 치면 모두 마치게 된다. 중간에 박자나 박수가 틀리면 다시 처음부터 한다. 자존감 박수는 집중력을 높여준다.

한 글자 　－ 나(박수) 는(박수) 내(박수) 가(박수)

　　　　　　정(박수) 말(박수) 좋(박수) 다(박수)

두 글자 　－ 나는(박수 박수) 내가(박수 박수)

　　　　　　정말(박수 박수) 좋다(박수 박수)

네 글자 　－ 나는 내가(박수 박수 박수 박수)

　　　　　　정말 좋다(박수 박수 박수 박수)

여덟 글자 － 나는 내가 정말 좋다

　　　　　　(박수 박수 박수 박수 박수 박수 박수 박수)

국제코치연맹의 핵심코칭역량 모델

프레즌스(Presence)를 유지한다

Maintains Presence

정의 개방적이고 유연하며 중심이 잡힌 자신감 있는 태도로 완전히 깨어서 클라이언트와 함께한다. 클라이언트에게 집중하고 관찰하며 공감하고 적절하게 반응하는 것을 유지한다. － 핵심역량 5

Definition Is fully conscious and present with the client, employing a style that is open, flexible, grounded and confident. Remains focused, observant, empathetic and responsive to the client.

커리어 코칭의 이해

1. 커리어 코칭의 개념

코칭은 참가자 스스로
답을 찾아가도록 돕는 것

코칭 대화가 일반 대화와 다른 점은
질문이 많고, 에너지를 높여주는 것

커리어 코칭은 참가자가 자기 삶의 주인공이
되도록 어떻게 도울지를 챙겨가는 과정

2. 커리어 코칭의 효과

첫째, 밝아졌는가?
(총명, 현명, 자명, 명철)

둘째, 새로워졌는가?
(사고, 행동, 습관)

셋째, 좋은 상태에 머무르는가?
(안심, 자신감, 행복감)

3. 커리어 코칭의 단계적 산출물

분석단계
자존감, 흥미, 강점, 동기, 스트레스 요인

탐색단계
직업가치관, 희망 직업과 직무

실행촉진단계
비전시트, VMOV 카드,
스토리텔링, 자기소개

4. 커리어 코칭 모델

Love myself
나 인정, 자기분석

Love my work
직업적 비전과 미션 목표, 실행계획

Love my life
삶 전반

5. 코칭 프로세스

사전 준비
코치 소개, 코칭 안내, 계약, 사전 질문

세션 전개
안전감과 참여 동기, 자존감 높이기,
자기 분석, 비전과 미션,
목표와 실행계획

Fishbone Mind Map

PART II

자기탐색

Chapter 3 자기분석

자기분석과 나 알기

커리어 코칭 모델 2단계는 바로 자기분석이다. 자기 안의 자기를 파악하는 과정이다. 만일 면접에서 "자기를 소개해 보세요."라고 한다면, 지금부터 다룰 PART Ⅱ에서 답을 찾자. 집을 해체하면 기초가 어떤지, 콘크리트로 지은 집인지, 나무로 지은 집인지를 알 수 있다. 배관이나 공조 시스템까지 알 수 있다. 사람도 항목으로 나누어 분석하면 더 세세하게 알 수 있다. '나'라는 사람은 어떤 사람일까? 이에 대한 최선의 답이 준비된다면 미래로 나아가기가 쉽다.

다음 페이지의 그림5는 우주선을 형상화한 모습이다. 우주로 커리어 여행을 떠난다고 가정할 때, 이 우주선에 무엇을 담을 것인가? '나'라는 우주선을 설명하려면, 그림 속의 요소들을 파악하자.

자기분석을 했는데 신통치 않다는 결론이 나온다면? 그건 분석이 잘못된 것이지 사람이 잘못된 게 아니다. 자기분석을 하면서 남과 비교할 이유는 없다. 자기분석은 '생각하는 나'와 '행동하는 나'의 게임, 즉 이너게임(Inner Game)이다. 1970년대 티머시 골웨이라는 사람이 저술한 《이너게임》이라는 책은 코칭의 근간이 되었다.

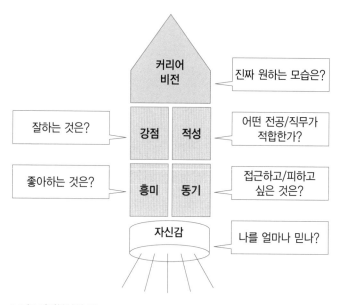

그림5 **자기분석의 틀**

티머시 골웨이는 자기를 평가하거나 비판하지 말 것을 강조한다. 우리는 자신을 비하하는 경향이 있다. 그럴 이유가 없다. 황금 광산에서 황금을 캐듯 내 안의 숨은 자원을 찾아내는 과정이 바로 분석이다. 만일 분석 결과가 마음에 들지 않는다면 아직 덜찾았거나, 잘못된 곳에서 찾은 것이니 자신의 자원을 잘 찾아보면 되는 일이다. 대부분 사람은 내면에 좋은 자원이 있어도 발견하지 못한 경우가 많다. 이 자기분석 과정을 거치면서 가능성에 대한 낙관을 놓치지 않기를 바란다.

참고로 우리 각자는 '완전한 존재'라는 것을 믿으면 좋겠다. 능력으로 완전함을 말하는 것이 아니라 존재로서 완전하다는 말이다. 완전한 존재에 대한 이해를 돕기 위해 사과를 예를 들어본다. 한 입 베어 먹은 사과(애플 로고타이프를 연상하면 좋다)를 우리는 무엇이라고 부르는가? 사과다. 사과 꼬투리만 남으면 사과일까 아닐까? 그렇다. 여전히 사과라고 부른다. 형태나 능력이 어떠하든 여전히 사과라는 사실은 변함이 없다.

그림6 사과의 존재와 형태

배가 고프다는 것은 완전의 증거일까? 불완전의 증거일까? 완전하기에 배고픔을 느끼는 거다. 그 덕에 배를 채우고, 시간에 맞춰 영양을 보충할 수 있다. 그렇게 생명을 유지할 수 있다. 그렇다면, 자신이 부족하다고 느끼는 것은 완전의 증거일까? 불완전의 증거일까? 더 큰 무언가를 알고 있으니 완전함의 증거다. 부족함을 느끼는 덕분에 채우려 드는 것이니 얼마나 고마운 일인가? 사람들에게 자기실현 욕구가 있다는 사실이 이것을 설명해 준다.

"모든 사람은 무한한 가능성을 지니고 있다."라는 말은 코칭 철학의 첫 번째 문장이다. 대부분의 한국 코치는 다 이 문장을 외운다. 그렇다면 무한하다는 것을 어떻게 알 수 있을까? 눈에 보이는

육신은 하나의 개체로서 한정되지만, 정신은 무한하다. 정신력은 상상을 뛰어넘는다. 알고 싶은 것도 많아서 1만 년 전의 일도 알고 싶고, 백 년 후나 천 년 후 일도 알고 싶어 한다. 우주 끝도, 바다의 가장 깊은 속도 어떤지 알아야 직성이 풀린다. 그걸 추론해내는 것이 인간이다.

원래 인간은 두뇌를 10% 정도 활용했었다고 한다. 하지만 1990년대에 인간은 두뇌를 1% 이하로 활용했으며, 최근에는 두뇌 활용도가 단지 0.1%에 불과하다는 연구 결과도 제기됐다. 우리 인간은 더 많은 능력을 이미 지니고 있었다.

사과 이야기를 다시 해 보자. 사과 안에 씨가 몇 개 있을까? 그건 세어보면 된다. 그렇다면 사과 씨 하나 안에 사과는 몇 개 들어있을까? 그렇다. 셀 수 없다. 개체로 보면 유한하지만 존재는 무한하다. 사과로 비유했듯이 나는 무한하다. 나라는 사람을 몇 가지 단어로 설명할 수 있을까? 한계가 없지 않은가?

자기분석 항목

흥미

흥미는 취미 활동과 같이 '자기가 좋아하는 것'이다. 흥미는 내적 에너지이기 때문에 매우 중요하다. 누가 시키지 않는데도 자기가 좋아서 하는 영역이다. 직업을 선택할 때 오랫동안 만족한 상태

에서 일하는 게 중요하다는 걸 인정한다면, 흥미 요소를 최우선
으로 탐색하는 것이 좋다.

> 예) 그림 그리기나 그림 감상, 노래 부르기나 악기 연주, 야외
> 활동, 숫자 다루기, 도와주기, 상상과 아이디어 발휘하기 등

강점

자주 하거나 잘하는 것을 강점이라고 부른다. 오른손잡이가 오른손
을 자주 사용하고, 양손잡이가 양손을 잘 쓰는 것과 같다. 강점은 '관
계에서의 강점'과 '일할 때의 강점'으로 구분한다. 강점은 다른 여러
분야에 접목하여 좋은 결과를 만들어 낼 수 있다. 학교건 조직이건
어떤 공동체에서 함께 생활하려면 관계적 강점, 자신의 성향, 일의
성격을 고려해야 한다. 그래서 강점을 파악하는 것이 중요하다.

긍정심리학에서는 미덕(Virtue)을 강점이라고 한다. 강점을 파
악하기 위한 여러 가지 기법은 뒤에 준비되어 있다. 강점은 행동
으로 드러나기 때문에 행동을 오래 관찰하면 파악할 수 있다.

> 예) 친화력이 있다, 사교적이다, 활동적이다, 체계적이다, 완
> 결성이 높다, 상상력이 풍부하다 등

적성

적성이란 '직무 적합성'을 뜻한다. 어떤 직무에 적합한지를 설명
한다. 흥미와도 관련이 있지만 일의 관점에서 나를 바라보는 시

각을 점검해 보자. 경찰수사관이면 정보 파악과 데이터 분석, 추리력 등이 중요하겠고, 변호사라면 분석력과 더불어 통찰력, 설득력이 중요하다.

예) 언어력, 수리력, 추리력, 공간지각력, 사고 유연성 등

접근 동기와 회피 동기

사람들은 피하고 싶은 것이 있다. 그것이 잘 이루어지지 않을 때 스트레스를 받는다. 생각이 깊은 유형의 사람이 빠른 의사결정을 강요받으면 어떨까? 또 밖에서 일하는 것을 싫어하는 사람은 사무형에 가까운데, 이런 사람에게 계속 현장에서만 일하도록 한다면 어떨까? 여럿이 일하기보다 혼자서 일하기를 바라는 사람이 있다. 숫자나 데이터를 주로 다루기 때문에 혼자서 일에 집중하고 싶은데, 주변에서 자꾸 말을 시키면 어떨까? 다들 스트레스를 받게 된다. 자신을 불편하게 만드는 요소들을 점검하여 선호 직무를 고려하자.

태도

'태도가 전부'란 말도 있다. 태도란 자기 자신에 대해 또는 자기 밖의 세상에 대해 긍정적 혹은 부정적으로 바라보는지, 미래에 대해 낙관적 혹은 비관적으로 인식하는지를 뜻한다. 태도가 중요한 이유는 아무리 강점이 뛰어나더라도 태도가 나쁘면 오히려 역

효과를 가져오기 때문이다. 언변이 좋은 강점을 지닌 사람이 여기저기에 불평하고 다닌다면, 조직에 심각한 영향을 미치게 된다. 불평은 전염성이 강하여 사소한 불평도 주변을 오염시킨다.

자기 자신, 일, 삶의 태도에 대해 돌아보자. 자신이 어떠한 사람인지 스스로 이해한다면 더욱 힘 있는 미래 설계와 준비가 용이하다. 윈스턴 처칠은 "비관주의자는 모든 기회 속에서 어려움을 찾아내고, 낙관주의자는 모든 어려움 속에서 기회를 찾아낸다."라고 말했다. 태도는 눈에 보이지 않지만 모든 말(몸 말, 겉말)에는 태도가 담겨 있다. 말씨를 보면 마음씨도 알 수 있다.

인생 태도는 ①I'm OK ②I'm Not OK ③You're OK ④You're Not OK 이렇게 4가지로 구분한다.

다음 각 항목은 위의 4가지 중 어느 것에 해당할까?

• 너는 왜 그 모양이니? → ④You're Not OK

• 어떻게 이렇게 잘했어? → ③You're OK

• 하는 일마다 되는 게 없네! → ②I'm not OK

• 네가 도와주니까 정말 좋다. → ①I'm OK, ③You're OK

• 누가 뭐래도 나는 나야! → ①I'm Ok

• 그냥 내버려 둬, 차라리 죽고 싶어!

　→ ②I'm not OK, ④You're Not OK

• 네가 없었으면 이런 결과를 만들지 못했을 거야.

→ ③You're OK

• 이렇게 도와주시니 큰 힘이 되어서 감사합니다.

→ ①I'm Ok, ③You're OK

재능

재능은 강점과 유사하다. 그 차이는 하고 싶어 안달이 날 정도로 좋아한다는 데 있다. 마치고 나서도 더 하고 싶어 한다. 그리고 남들보다 빨리 배우는 특성이 있다. '소질'이라고도 할 수 있다. TV 속 달인들은 특정 영역에서 남들보다 빠르게 솜씨를 발휘한다. 좋아했기에 오랫동안 해올 수 있었고, 빠른 학습력이 발휘된 것이다.

예) 예체능에서 발견되는 재능, 쉽게 가르치기, 성대모사,

숫자나 그림 암기, 암산, 운동신경 등

역량

역량은 무언가를 해내는 힘이다. 영어 Competence(역량)는 compete(경쟁하다)를 의미한다. 일과 경쟁해서 이겨낼 수 있는지를 생각해 보자. 역량은 해결하는 능력과 하고자 하는 동기를 포함한 개념이다. 단순히 능력이 있다고 해서 성과를 만들지는 못한다. 억지로가 아니라 하고자 하는 태도가 뒷받침되어야 한다. 능력과 의욕 둘 다 갖춘 모습이 역량이다. 직장인으로서 갖춰

야 할 공통 역량도 있지만 부문별로 각기 다른 역량도 필요하다.

예) 소통력(문서/구두), 문제해결력, 의사 결정력, 교섭력

위에 열거한 분석 항목들을 바탕으로 자기가 어떤 사람인지 기분 좋게 설명할 수 있다면, 자기분석을 잘 마쳤다고 할 수 있다. 이를 바탕으로 원하는 직업적 모습을 찾아 방향을 설정하고, 그 방향에 가슴이 뛴다면 금상첨화다.

스토리와 스토리텔링 공식

커리어 코칭의 산출물 가운데 하나가 스토리다. 좋아하는 일, 열정을 보였던 일, 도전했던 일, 성취를 이루었던 일, 역경을 극복했던 일 등의 경험을 나누면 몰입이 잘 된다. 스토리 속에 담긴 자신의 흥미나 강점, 적성 등을 파악할 수 있고, 이를 바탕으로 적합한 직업이나 직무 등을 파악할 수 있다.

스토리가 중요한 이유는 커리어는 스토리를 담고 있기 때문이다. 자기소개서를 쓸 때나 면접 시 제대로 된 스토리 전달은 필수다. 자소서나 면접을 하나의 설득 과정으로 본다면, 자신이 어떤 사람인지 감성적인 스토리로 녹여내어 상대 마음을 움직이는 힘이 중요하다. 음식 맛이 좋아도 담은 그릇이나 포장이 변변치 않으면 매력적이지 않은 것과 유사하다. 그렇다면 어떻게 스토리를

발굴하고, 어떻게 전달할까? 코치가 스토리텔링의 공식을 안다면, 거기에 맞는 질문을 통해 스토리를 쉽게 보완할 수 있다.

스토리텔링은 스토리를 찾아내는 스토리 마이닝(Story-mining)에서 시작한다. 커리어 코칭에서는 강점을 발휘한 이야기, 몰입했던 이야기, 좌절이나 역경을 극복한 이야기, 실행한 이야기 등이 주로 해당한다. 보통 강점이 뭐냐고 물어보면 쉽게 대답하지 못한다. 하지만 "기대 이상으로 결과가 좋아서 스스로 만족했거나, 주변에서 칭찬을 받았던 경험이 있다면 어떤 게 떠오르나요?"처럼 질문하면 어떨까? 기억하기 쉽고, 대답하기 쉽게 쪼개서 질문하면 어렵지 않게 대답한다. Chapter 4, 5에 흥미나 강점을 찾기 위한 여러 가지 질문을 준비해 두었다.

스토리 마이닝을 통해 찾아낸 이후에는 가공하는 단계다. 즉 스토리 크래프팅(Story-crafting)이다. 이야기 소재가 떠오르더라도 '구성'을 갖추어 말하면 듣는 사람이 귀담아듣게 된다. 크래프팅이 필요한 이유다. 자기소개나 면접 시 요긴하게 활용할 수 있다. 크래프팅 단계에서 활용하는 공식을 스토리텔링에서도 그대로 적용하면 된다.

자기의 역경 극복 스토리를 염두에 두고, 일단 자신에게 질문하자.
 ① 어떤 맥락(Context)의 이야기인가?
 ② 어떤 액션(Action)이 있었나? 그래서 어떻게 했나?

③ 결과(**R**esult)는 어떠했나?

④ 어떤 맥락(**C**ontext), 즉 누구(**S**ubject)의 이야기인가? 간절히 원했던 것(**T**reasure)은 무엇인가? 방해하는 역경이나 장애(**O**bstacle) 요인은 무엇인가?

①②③의 머리글자를 따면 순서대로 CAR가 되고, ④의 맥락 하부 요소 머리글자를 따면 STO가 된다. 그래서 스토리텔링 공식을 'CAR STOry'로 기억하면 좋겠다.

스토리가 극적이려면 간절한(예_ 다섯 가족을 부양해야 할 책임) 정도가 크거나, 장애(예_ 사업이 완전히 망해서 빚이 30억) 요인이 클수록 듣는 사람의 관심을 끌기에 좋다. 그런데 반전의 결과가 있다면? 어떻게 그것이 가능했을지 궁금해진다. 따라서 스토리를 말할 때는 맥락, 결과, 액션 과정 이 순으로 소개하는 것이 효과적이다.

사례5 스토리텔링 공식으로 말하기

참가자 경제가 어려워지자, 회사가 구조 조정을 단행했어요. 병환으로 10년째 고생하시는 부모님을 돌보고, 집안일을 하느라 야근을 피한 일이 여러 번 있었죠. 결국 내가 명퇴자 명단에 포함되고 말았어요. 먹고 살 일이 막막했어요. 부모님 병원비는 물론 동생들 대학 등록금 내기도 힘들었어요. 음식점을 하려고 부동산에 들러 장소를 물색했으나 목 좋은 곳은 돈이 부족해 엄두가 나지 않았어요. (배경 이야기를 들으면서 자연스럽게 장애 요인을 이해하게 됨)

코치 그런 일을 겪으셨군요. 그래서 어떻게 했나요?

참가자 뭘 해도 망한다는 자리라서 그런지, 권리금도 없고 임대료도 싼 곳에 고깃집을 낼 수밖에 없었어요. 다행히 음식 만드는 데 취미가 있고, 집안일을 도맡아 해왔기에 요리를 잘했어요. 솜씨 좋다는 이야기도 들어와서 도전할 수 있었어요. 또 제가 사람들에게 친근하게 대해서 홀 서빙도 자신 있었죠. 주변에서 말렸지만 나는 배수의 진을 친 절박한 심정으로 시작했어요. (스토리를 들으면서 목표/욕망이 어떤 것인지 이해하게 됨)

코치 절박한 심정으로 하셨어도 정말 쉽지 않았을 텐데, 결과는 어땠나요? (결과를 질문하여 핵심에 접근하도록 요청함)

참가자 그렇게 개업한 지 6개월 만에 고객들에게 대기 번호표를 나눠주는 고깃집이 되었어요.

코치 와! 정말 대단하시네요. 그 어려운 걸 어떻게 해내셨을까요? 비결도 궁금하네요. (액션을 질문하여 강점이나 성공 요인을 찾아 나가도록 요청함)

여기까지 들으면 그다음 이야기가 궁금하지 않을 수 없다. 과연 어떤 액션(아이디어, 실행력, 강점)이 있었기에 그런 결과를 만들었을까? 더 듣고 싶어진다. 스펙도 별로 없고 성적이 나빴는데도 대기업에 합격했다면? 그 비결이 궁금해지는 것은 인지상정이다. 물론 취업 준비생인 경우라면 더 궁금할 것이다. 위의 고깃집 이야기는 자영업을 염두에 둔 입장이라면 특히 더 궁금할 것이다.

참가자 저는 고깃집의 본질이 무엇인지부터 생각했어요. 고기 맛이 본질이라는 결론을 냈어요. 그래서 맛으로 승부수를 던지기로 했죠. 최고 등급 재료를 사용하기로 마음먹었어요. 제가 공판장에 가서 최고 등급의 고기를 주문하자 동행했던 주방장이 깜짝 놀라 저를 극구 말렸어요. 하지만 제 생각은 달랐죠.

코치 고기의 질을 높이는 것이 제일 중요하다는 건 알겠어요. 문제는 장기적으로 공급할 수 있어야 할 텐데 그게 어떻게 됐을까요? (장애 요인을 질문하여 문제해결 과정을 탐색함)

참가자 저도 그 고민을 했어요. 무슨 재주로 다른 집보다 싸고 맛있는 고기를 계속 조달할 것인가? 저는 고깃값은 아끼지 않기로 했어요. 대신 인테리어 비용을 전혀 들이지 않았어요. 최고의 인테리어는 벽이나 조명을 꾸미는 것이 아니라, 사람들이 바글바글한 모습이라 생각했죠. 일단 먹어본 손님한테는 반응이 좋았어요. 지금까지 못 먹어본, 최고의 맛이라고 했지요.

하지만 아무리 맛이 좋아도 일단 먹어봐야 입소문이 날 텐데, 입지가 별로여서 그런지 사람들이 뜸했어요. 저녁 식사 이후 술 손

님으로 회전되어야 하는데 이게 고민되었어요. 그래서 특별한 대책을 마련했죠.

코치 특별한 대책이라……. 정말 궁금해지네요. (액션을 질문하여 강점이나 성공 요인을 찾아 나가도록 요청함)

이 이야기는 이쯤에서 줄이고, 뒷이야기는 다음 기회로 남겨둔다.

흥미, 강점, 재능 사례연구

앞서 자기분석에서는 흥미와 강점, 재능을 이야기했다. 이제 구체적인 사례를 통해 이것이 직업과 어떻게 연결되는지 살펴보자.

사례6 직업사례연구1: 동물훈련사/조련사

〈세상에 나쁜 개는 없다〉 프로그램 출연으로 유명한, 강형욱 반려견 훈련사를 떠올려보자. 동물훈련사는 개나 말과 같은 동물을 훈련하는 사람이다. 그런데 동물훈련사가 동물을 좋아하지 않는다면 이 직업에 오래 머물 수 있을까? 당연히 그렇지 않다. 동물을 좋아하게 된 이유는 뭘까? 어려서부터 그런 환경에서 자랐거나, 가엾은 동물에게 온정을 품거나 혹은 사람들로부터 상처를 입은 경험이 있을 수도 있다. 그래서 사람에게 연대감을 느끼기보다 동물에 더 큰 애정과 친밀감을 느낄 수 있다.

무언가 좋아한다면 그런 직업 세계에 오래 머무는 데 유리하다.

좋아하는 일을 다 잘할 수는 없다.그러나 스킬을 개발할 수 있다. 동물의 마음을 알아차리는 힘이 있고, 관찰력이나 공감 능력이 좋다면 유능하게 일할 수 있다. 또 온화하고 차분하며, 규율을 잘 지키는 성격이라면 훈련사라는 직업에 적합하다.

따라서 커리어에서는 '좋아하는 것'을 '흥미'로, '잘하는 것'을 '강점'으로 나누어 생각하자. 만일 반려견과 잘 놀고, 산책도 함께 하면서, 배변 처리까지 더럽다고 생각하지 않는다면 '흥미'라고 봐도 좋다. 반려견이 짖는 소리를 듣고 그 욕구를 재빨리 알아차리고, 대응을 잘하여 문제해결을 척척 해낸다면 그 분야에 재능 혹은 소질이 있다고 하겠다.

물론 "반려견이 왜 좋으냐?"라는 질문에 다양한 답을 할 수 있다. 귀여워서, 마치 내 아이와 같아서, 믿음을 저버리지 않아서, 사람을 잘 따라서 등등. 좋아할 만한 이유가 많을수록 그 일에 열정과 에너지가 샘솟지 않겠는가?

커리어 설계에서도 마찬가지다. 좋아하는 일을 하는 것이 좋다. 그러나 모든 사람이 좋아하는 일을 할 수는 없다. 일에서 좋아할 만한 이유를 많이 찾아낸다면, 일에 대한 만족도나 자기를 사랑하는 마음은 더 커지게 된다. 널리 알려진 "Do what you like or like what you do! (자기가 좋아하는 일을 하세요, 그렇지 않으면 지금 하는 일을 좋아해 보세요!)"라는 말을 기억하면 좋겠다.

동물훈련사의 경우, 높은 학력을 요구하지 않는다. 강형욱 훈련사도 고학력의 스펙을 지니진 않았다. 하지만 애정으로 동물을 다루는 훌륭한 모습에 많은 사람이 존경하고 그의 인간적 매력에 반한다. 이 직업 종사자는 조직(경찰, 농장, 경마장, 수족관, 동물보호 단체, 수색구조 단체 등)에 소속될 수도 있고, 프리랜서나 기업가로도 활동할 수 있다. 고객이 있는 곳으로 방문 출장을 하면서 단기 훈련을 돕기도 한다.

사례7 직업사례연구2: 메이크업 아티스트

재미교포이자 할리우드 톱 메이크업 아티스트인 테일러 장 바바이안(Taylor Chang Babaian)의 사례다. 중앙일보 이도은 기자의 인터뷰 기사로 소개한다. 네 살 때 부모를 따라 미국 로스앤젤레스로 간 그녀는 열네 살에 집을 나와 노숙을 했다. 한 마디로 집이 밖보다 안전하지 않은 상태였기 때문이다. 거리로 나와 학교도 가지 않고 친구 집 옷장, 24시간 도넛 가게, 세탁방 같은 데서 쪽잠을 잤다. 일 년 반을 그렇게 살았다. 열여덟에 2년제 대학에 다니면서 아르바이트를 두세 개씩 했다. 그중 하나가 체육관 안내 데스크였는데, 얼마 후 미용실에 스카우트 돼 각종 서류를 다루는 매니저 일을 했다. 하루 14시간씩 일을 해야 했다고.

"미용실에서 고객 서비스로 하는 화장법 강의를 들었어요. 강사가 저한테 재능 있고, 남다르다고 칭찬했어요. 그때부터 메이크업에 관심을 두기 시작했지요. 어릴 적 내내 어머니로부터 '넌 쌍

커플이 없어 못생겼으니 성형해야 한다.'라는 소리를 듣고 살았지요. 그래서 열심히 화장했어요. 예뻐 보이고 싶어서요. 처음엔 백인처럼 했어요. 그렇게 시행착오를 겪다가 결국 가장 예뻐 보이는 방법을 터득하게 됐어요. 메이크업 아티스트가 되려고 마음먹으면서 결심한 게 있었죠. '사람들은 똑같은 서비스에는 돈을 내지 않는다.'라는 책 속의 한 줄이 머리에 박혔거든요. 그래서 나는 뭔가 화장을 하더라도 다른 걸 하겠다고 결심했지요. 그러다가 보니 어느새 스타들의 메이크업 아티스트가 되어 있는 거예요. 그때가 스물세 살이었죠."

어려운 시절을 이겨낸 그녀는 이제 할리우드에서 손꼽히는 뷰티 전문가로 인정받고 있다. 오노 요코, 폴라 압둘, 카니예 웨스트 같은 스타들이 가장 빛나는 순간을 위해 그녀를 찾는다. 메이크업 노하우를 담아 펴낸 책 《스타일 아이즈》는 패션 매거진 〈하퍼스 바자〉가 선정한 '베스트 뷰티 북'에 꼽혔다. 로레알·시세이도·베네피트 등 세계적인 화장품 브랜드와 협업하고 인공 눈썹 브랜드(Kre-at Beauty) 창업까지 활동 영역을 넓혀갔다. 그런 그녀는 지금 미국 UCLA 대학에서 인류학을 공부하며 또 다른 변신을 준비하고 있다.

그녀의 흥미를 찾아보자. 그녀는 외적으로 아름답게 보이는 것(미적 표현)을 좋아한다. 꾸미는 것에 관심이 높아 화장을 즐겨했고 손으로 직접 하는 것에 재미를 느꼈다. 남들보다 빨리 익히는 재능까지 갖추었다.

테일러 장 바바이안. 그녀는 누구에게 도움을 받았을까? 그녀한테 도와줄 사람이 있었을까? 그녀는 혼자였다. 그래서 잡지 기자들한테 이메일로 정보를 구했더니, 크루티에르 레믹스(Cloutier Remix)라는 에이전시에 들어가라는 답이 왔다. 전속 메이크업 아티스트를 유명인들과 연결하는 회사이다. 그 회사에 전화를 걸었지만, 아예 받지도 않았다. 그래도 용기 내 찾아가기도 하면서 지속해서 문을 두드렸다. 일곱 달 만에 연락이 왔다. 혹시 무급으로 해 볼 생각 있냐고. 고민 없이 응했다. 낮에는 미용실에서 일하고, 밤에는 광고나 화보 촬영을 했다. 한 시간만 자는 밤이 종종 있었다. 돈은 받기도 하고, 안 받기도 하는 생활이 반복됐다. 그래도 버텼다. 그녀는 3년 만에 드디어 크루티에르 레믹스의 전속 메이크업 아티스트가 됐다.

그녀에겐 어떤 강점이 있을까? 끈기와 인내심이 있다. 자신이 하는 일에 열정이 가득하다. 독립심과 책임감이 강하다. 모험심도 많다. 완벽주의 성향과 더불어 상상력이 풍부하다.

Chapter 4 흥미와 자발적 동기

흥미와 동기

우리는 스마트폰 배터리 충전을 거의 매일 한다. 충전하라고 누가 시키지 않아도 스스로 한다. 왜 그럴까? 바로 스마트폰으로 유튜브나 뉴스, 카톡 등 뭔가 할 동기(에너지)가 있기 때문이다. 스마트폰에 배터리가 필요하듯이 사람들에게도 에너지가 필요하다. 이 책을 읽고 있는 독자는 평소 어떻게 에너지를 얻을까? 일반적으로는 잠을 자거나 맛있는 것을 먹거나 수다를 떨거나 예술을 감상하거나 운동이나 산책을 하거나 혹은 반려동물과 함께 감정을 교류하면서 에너지를 얻는다. 이런 활동은 삶에서 매우 중요하다. 이런 식으로 긍정 에너지를 충전하는 것은 힘의 원천이 된다. 생산적인 일을 할 때 큰 도움이 된다.

어떨 때 힘이 생기는지 떠올려보자. 분명한 것은 자신이 '좋아하는 일을 할 때' 에너지를 얻는다는 사실이다. 누가 시켜서 하는 일을 할 때보다는, 자기가 하고 싶은 일을 자기 방식대로 할 때 에너지를 얻는다. 책을 예로 들어보자. 어떤 사람은 자신이 읽고 싶은 책을 조용히 읽은 것만으로도 혹은 마음먹은 시간 안에 모두 읽어냄으로써 에너지를 얻는다. 하지만 누군가는 책 내용을 노트에 깔끔하게 정리하면서, 또 다른 누군가는 책 내용을 동료와 나누면서 에너지를 얻기도 한다. 이처럼 좋아하는 이유(속성)가 사람마다 제각기 다르다.

왜 그것(취미나 흥미)이 좋은지 그 이유(속성)를 파악하는 것은 커리어 설계에도 큰 도움이 된다. 최적의 직업이나 직무는 자신의 흥미와 매우 높은 상관관계를 갖는다. 하나의 취미(흥미) 속에 담긴 속성은 다른 흥미 활동을 좋아하는 이유와도 비슷하다. 흥미 분석을 통해 자신의 흥미 속성을 계속 찾아보는 것은 그 자체로도 즐거운 일이다.

강의 중에 취미에 대해 질문하면 "취미가 없어요."라고 답하는 사람들이 적지 않다. "취미가 없네요."라고 대답하면서 당당하기보다는 약간은 주저하는 모습이다. 그럴 때 "혹시 일이 취미 아닌가요?" 하고 물으면 그렇다고 답을 하는 경우가 제법 많다. 그 사람에게 "사람 좋다는 칭찬보다 일의 결과로 칭찬받을 때 기분이 더 좋지요?"라고 물으면 표정이 밝아진다. 그렇다는 거다. "혹시 야근을 많이 하는 스타일 아닌가요?"라고 물으면 그를 아는 사람들이 폭소를 터뜨린다. 맞다는 반응을 웃음으로 대신한 셈이다.

취미가 없다고 말하는 이런 분들에게는 이제부터 "일이 취미입니다."라고 당당하게 말하자고 한다. 야근하는 이유나 보고가 늦은 이유도 무능해서가 아니라는 걸 알아준다. "일을 완벽하게 해내고 싶은 마음으로, 백데이터까지 충실하게 준비하기 때문이죠? 그건 좋은 미덕이 아닐까요?" 하고 자신감을 북돋는 표현을 하면, 금세 환한 표정으로 고개를 끄덕인다.

본격적으로 직업이나 직무 분야를 탐색할 때 '일(공부)'이 취미인 사람에게도 적합한 직무는 있다. 자기 안의 좋은 자원을 긍정적으로 찾아내면 안도하게 된다.

흥미 파악을 위한 질문 세트

자기에 관한 이야기를 자주 해보지 않은 사람은 자신 안의 스토리를 찾아내는 데 어려움을 겪기도 한다. 이럴 때는 카드를 활용하거나 다양한 질문을 제시해 보는 것도 효과적이다. 그룹 코칭을 할 때도 다음과 같은 질문 세트를 보여주고, 마음에 드는 질문을 골라서 대답하게 해 보자. 그리고 공개된 상태에서 답하라고 하기보다, 2인씩 조를 짜서 대화를 나누게 한다. 다음 페이지의 '속성 구분'에 대해 서로 이야기를 나누게 해도 좋다.

실습1 마음에 드는 질문은?

① 평소 즐기는 취미 활동은?

② 앞으로 시간이나 조건이 된다면 하고 싶은 취미 활동은?

③ 학창 시절 좋아했던 과목은?

④ 예전에 시간 가는 줄 모르고 몰입했던 일은?

⑤ 누가 시키지 않았지만 (열정적으로/신나서) 일했던 경험은?

실습2 흥미 요소의 비중

위 질문에 대한 답변들의 공통적 속성을 찾아보자. 좋아했거나 좋아하는 이유가 다음 4가지 중 어디에 해당하는지 그 비중을 확인한다.

① 목표나 실행력, 추진력과 관련이 있는가?

② 사람과 어울리거나 사람들을 주로 대하는 것과 관련이 있는가?

③ 아이디어, 기획, 상상력과 관련이 있는가?

④ 계획, 데이터, 프로세스, 시스템과 관련이 있는가?

예) 실행 10%, 사람 50%, 아이디어 35%, 프로세스/데이터 5%

흥미 속성 파악

속성 구분

자신의 취미에 대하여 말할 기회를 얻게 되면, 일반적으로 기운(에너지)이 생긴다. 대화 소재가 좋아서도 그렇지만 자신의 이야기를 들어주는 사람이 있어서도 그렇다. 따라서 서먹서먹한 관계거나 대화 초기에 말 꺼내기가 어려울 때, 취미 생활 이야기를 하는 것은 매우 효과적이다. 예를 들면 "어떤 취미 생활을 하세요?" 혹은 "시간이 날 때 어떤 것을 하면 기분이 좋으세요?"라고 말이다. 취미를 들으면서 왜 그걸 좋아하는지 파악하자. 직업이나 직무 성향과도 밀접한 관련성을 보여 커리어 설계에 큰 도움이 된다.

좋아하는 이유를 파악할 때는 주로 4가지 관점에서 살펴보면 좋다.

① 목표 달성하는 것이 좋아서, 신체 활동이나 사물을 다루는 것이 좋아서(Thing)

② 사람과 함께하는 것이 좋아서(People)

③ 아이디어를 결합하거나 감상하는 것이 좋아서(Idea- 미래와 관련)

④ 프로세스, 시스템, 정보, 데이터를 다루는 것이 좋아서 (Data- 과거와 관련)

표4 흥미 속성 구분 예시

속성 구분	요리를 좋아하는 이유	사이클링을 좋아하는 이유
목표 달성	꼭 만들고 싶은 것이 있어서	목적지 다녀오는 것이 좋아서 신체를 직접 움직여서
사람	사람들과 함께 먹는 게 좋아서	사람들과 함께 어울리는 것이 좋아서
아이디어	멋지게 플레이팅하는 것이 좋아서	일상에서 벗어나 자연 감상을 하는 것이 좋아서
프로세스/데이터	레시피대로 계량하고 시간과 순서에 맞춰 해보는 것이 좋아서	계획한 대로 시간과 코스를 맞춰서 하는 것이 좋아서

위와 같이 4가지 유형으로 구분한 것을 요리와 사이클링이라는 구체적 예를 들어 살펴봤다.

수많은 강의와 코칭을 진행하면서 참가자들의 흥미 속성에 대한 반응을 살폈다. 참가자가 좋아하는 영화 장르로도 표4의 4가지 흥미 속성을 어느 정도 파악할 수 있다.

전쟁이나 액션 영화를 좋아하면 '목표 달성' 속성에, 멜로나 코미디 영화를 좋아하면 '사람' 속성에 해당한다. 다큐멘터리나 범죄 영화를 좋아하면 '프로세스나 데이터' 속성에, 예술 영화나 휴머니즘 영화를 좋아하면 '아이디어'의 속성에 해당한다. 물론 선호 장르와 흥미 속성이 꼭 일치하지 않을 수도 있다.

간혹, 시간적인 여유가 없어서 취미 생활을 못 하는 참가자를 만난다. 그럴 때는 "시간과 조건이 되면 해보고 싶은 취미 활동은 무엇인가요?" 혹은 "여유가 있었을 때 즐겼던 취미 활동은 무엇이었나요?"라고 물어보는 것도 좋다.

이때 "그것이 왜 좋은가요?", "좋아했던 이유가 어떤 것이었나요?"라고 속성까지 파악하면 효과적이다. 응답이 한쪽으로만 쏠리면 선호 유형이 하나겠지만, 상위 2가지 정도 반응이 모이면 선호 유형으로 보아도 된다. 이와 관련하여 정교한 진단검사를 하고 싶으면, 워크넷의 '홀랜드' 검사나 흥미 유형과 점수를 제시해주는 '버크만' 검사를 해도 좋다.

버크만 검사의 경우 흥미, 강점, 스트레스 행동, 일 처리 방식 이외에 직업 적합도와 최적의 직업 분야 5개도 추천해주므로 도움이 된다.

간단하게 하는 방법으로 '프레디저'라는 카드를 활용해도 좋다.

실습 버킷리스트를 활용한 흥미 속성 찾기

사람들은 꿈을 가지고 있다. 큰 꿈이건 소박한 꿈이건 당장은 아니지만 되고 싶거나, 갖고 싶거나, 하고 싶은 것들이 있다. 그런 버킷리스트를 작성하되 "그것을 왜, 언제까지 하고 싶은가?"라는 질문에 답을 하다 보면 흥미 속성과 시간의 우선순위를 알게 된다.

표5 **버킷리스트와 하고 싶은 이유 예시**

하고 싶은 일	왜 하고 싶은가?	기한
1. 방송국 성우 공채 입사	프로그램 기회가 많고 성우가 지녀야 할 자질을 입증받을 수 있다.	내년 안에
2. 유튜브 채널 진행	음악, 책을 소개하고 싶다.	상반기 안에
3. 여행기 출간	나의 글을 공유하고 싶다.	3년 이내에
4. 칼럼 계약	글쓰기 재능을 확인해 보고 싶다.	내년에
5. 아트 판매 시장에 참가해 보기	재능을 펼쳐보고 반응도 알고 싶다.	올해 안에
6. 나만의 전시회 하기	삶의 이유	30대
7. 블로그 활동	취미 생활 공유, 잡지사 취직 준비	지속
8. 내가 만든 그림엽서 판매	그리는 것을 좋아하니까	상반기 안에
9. 편지를 책으로 출간	재미있을 것 같아서	하반기 안에
10. 타로 아르바이트해 보기	심리상담 해주는 것을 좋아해서	올해 안에

표5 사례의 '하고 싶은 이유'를 통해 그 사람의 흥미 속성을 분석해 보자. 첫째, 글쓰기를 좋아하는 것을 알 수 있다. 생각하는

것을 좋아하는 '아이디어' 유형이다. 둘째, 사람을 좋아하며 대중 앞에 자신을 드러내는 걸 좋아하는 것을 알 수 있다.

흥미도 검사(홀랜드 검사)

직업 검사 가운데 가장 먼저 하는 것이 흥미도 검사다. 흥미는 잘 하거나 못하는 것과 상관없이 '좋아하는 것'을 의미한다. 저절로 끌리는 것이기에 동기나 열정과 관련 있다. 누가 시키지 않아도 자기가 스스로 좋아서 하는 것이 흥미이기 때문이다. 흥미를 파악 하기 위해 가장 널리 활용되는 것이 홀랜드(Holland) 검사다. 워 크넷에서 진단할 수 있다. 홀랜드 검사는 L형과 S형으로 구분된 다. 자세한 결과를 기대하면 L형이 좋으나, 시간이 오래 걸린다.

홀랜드는 개인의 선호 유형이 진로 선택과 진로 성숙에 큰 영 향을 미친다고 본다. 6가지 성향을 육각형 모형으로 제시한 다. 이들을 실재형(Realistic), 탐구형(Investigative), 예술 형(Artistic), 사회형(Social), 기업형(Enterprising), 관습형 (Conventional)으로 명명하였으며, 첫 글자를 따서 RIA SEC 유 형이라고 부른다.

유형별 특징을 요약하여 말하면,

① 실재형은 육체적 활동과 손으로 조작하는 것을 좋아한다.

② 탐구형은 수학적, 과학적, 추상적, 분석적 사고 활동을 좋아 한다.

③ 예술형은 자유롭고 개방적이며, 창의성과 자기 개성을 드러
내는 것을 좋아한다.

④ 사회형은 유연성이 있고 다른 사람들에게 정신적인 영향을
미친다. 인간적 가치를 중요시하면서, 다른 사람과 함께 일
하거나 봉사하는 것을 좋아한다.

⑤ 기업형은 사람들을 관리하고 설득하거나 모험을 감수하며
자기 주장하는 것을 좋아한다.

⑥ 관습형은 체계적이고 계획적이다. 일관되고 원칙적인 것을
좋아한다.

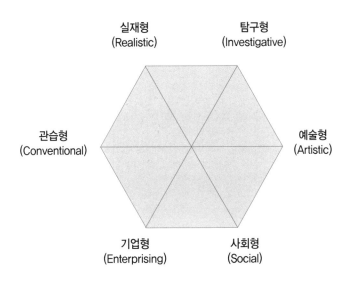

그림7 **홀랜드 검사의 6가지 유형**

표6 홀랜드 유형별 특성

	실재형(R)	탐구형(I)	예술형(A)
성격 특징	남성적이고, 솔직하고, 성실하며, 지구력이 있고, 신체적으로 건강하며, 소박하고, 말이 적으며, 고집이 있고, 단순합니다.	탐구심이 많고, 논리적, 분석적, 합리적이며, 정확하고, 지적 호기심이 많으며, 비판적, 내성적이고, 수줍음을 잘 타며 신중합니다.	상상력이 풍부하고, 감수성이 강하며, 자유분방하며, 개방적입니다. 감정이 풍부하고, 독창적이고, 개성이 강하고, 협동적이지 않습니다.
적성 능력감	1. 기계적, 운동적인 능력은 있으나 대인관계 능력은 부족합니다. 2. 수공, 농업, 전기, 기술적 능력은 높으나 교육적 능력은 부족합니다.	1. 학구적, 지적 자부심이 있으며, 수학적, 과학적 능력은 높으나 지도력이나 설득력은 부족합니다. 2. 연구 능력이 높습니다.	1. 미술적, 음악적 능력은 있으나 사무적 기술은 부족합니다. 2. 상징적, 자유적, 비체계적 능력은 있으나 체계적, 순서적 능력은 부족합니다.
가치	특기, 기술, 기능, 전문성, 능력, 생산성	탐구, 지식, 학문, 지혜, 합리성	예술, 창의성, 재능, 변화, 자유, 개성
생의 목표	기계나 장치의 발견 및 기술사, 전문인, 뛰어난 운동선수	사물이나 현상의 발견 및 과학에 대한 이론적 기여	예술계의 유명인, 독창적인 작품 활동
대표 직업	기술자, 자동기계 및 항공기 조종사, 정비사, 농부, 엔지니어, 전기·기계기사, 운동선수	과학자, 생물학자, 화학자, 물리학자, 인류학자, 지질학자, 의료기술자, 의사	예술가, 작곡가, 음악가, 무대감독, 작가, 배우, 소설가, 미술가, 무용가, 디자이너
전공 계열	공학 계열, 농학, 해양수산, 이학계열	의학, 약학, 이학, 의학지원 계열	예술, 음악, 미술, 공예, 연극영화, 무용계열, 인문계열

	사회형(S)	기업형(E)	관습형(C)
성격 특징	사람들을 좋아하며, 어울리기 좋아하고, 친절하고, 이해심이 많으며, 남을 잘 도와주고, 봉사적이며, 감정적이고, 이상주의적입니다.	지배적이고, 통솔력, 지도력이 있으며, 말과 설득을 잘 하며 경쟁적, 야심적이며, 외향적이고, 낙관적이고, 열성적입니다.	정확하고, 빈틈없고, 조심성이 있으며, 세밀하고, 계획성이 있으며, 변화를 좋아하지 않으며, 완고하고, 책임감이 강합니다.
적성 능력감	1. 사회적, 교육적 지도력이 있습니다. 2. 대인 관계 능력은 있으나 기계적, 과학적 능력은 부족합니다. 3. 체계적 능력이 부족합니다.	1. 적극적이고, 사회적이고, 지도력과 언어 능력은 있으나 과학적인 능력은 부족합니다. 2. 대인 간, 설득적인 능력은 있으나 체계적 능력은 부족합니다.	1. 사무적이며, 계산적인 능력은 있지만, 예술적, 상상적 능력은 부족합니다. 2. 체계적, 정확성은 있으나 탐구적, 독창적 능력은 부족합니다.
가치	사랑, 평등, 헌신, 공익, 용서, 봉사	권력, 야망, 명예, 모험, 자유, 보상	능률, 체계, 안전, 안정
생의 목표	타인들을 돕고 희생, 존경받는 스승, 치료전문가	사회의 영향력 있는 지도자, 금융과 상업 분야의 전문가	금융과 회계의 전문가, 사무 행정 전문가
대표 직업	사회 복지가, 교육자, 간호사, 유치원 교사, 종교 지도자, 상담가, 임상 치료가, 청소년 전문가	영업 사원, 상품 구매인, 보험 회사원, 판매원, 관리자, 연출가, 광고 대행업자, 언론인, 노동조합 지도자	공인회계사, 경제 분석가, 은행원, 세무사, 경리 사원, 감사원, 안전 관리사, 사서, 법무사
전공 계열	사회 계열, 가정, 간호, 체육, 복지, 사법대, 심리	상경, 법정, 사회, 행정, 정치	법정, 상경, 행정, 회계, 문헌 정보

출처 워크넷

　홀랜드 검사로 유형과 특징을 알아 보고 커리어 설계를 할 때 반영해 보자.

흥미와 직업의 상관관계

직장인 5명 중 1명은 취미 생활로 이익을 얻는다는 조사 결과가 나왔다. 잡코리아가 직장인 608명을 대상으로 '하비프러너(취미를 전문적인 사업으로 확장해가는 사람)' 조사를 벌인 결과다. 조선일보(2020년 8월 10일자)의 기사를 참조한다.

　잡코리아에 따르면 직장인 중 19.6%가 취미 생활을 통해 추가 수익을 창출한다고 한다. 직장인을 대상으로 조사(복수응답)한 결과, 추가 수익을 창출하는 취미 생활 1위는 '유튜브 등 SNS(44.5%)'다. 2위는 '헬스 · 요가 등 운동 레슨(25.2%)'이다. '소설 · 에세이 등 창작 활동'을 통해 추가 수익을 창출한다는 답변은 24.4%의 응답률로 3위에 올랐다. 이 외에 '베이킹 · 요리(19.3%)', '노래 · 음악 레슨(12.6%)', '가죽공예 · 수공예(10.1%)' 등이 뒤를 이었다.

　직장인 중 83.4%는 현재 즐기고 있는 취미 생활이 있다고 답했다. 직장인들이 즐기는 취미 생활 1위는 영화 · 드라마 감상(36.3%)이었다. 이 외 운동(28.8%), 독서(20.9%), 여행(19.7%), 유튜브 등 SNS(19.3%), 베이킹 · 요리(18.5%), 게임(18.1%) 등도 직장인들이 많이 하는 취미 생활로 꼽힌다. 잡코리아가 조사에 참여한 직장인들에게 "향후에 현재의 취미 생활을 본업으로 삼을 계획이 있나요?"라고 묻자 73.1%가 "그렇다."라고 답했다.

흥미의 차이, 즉 좋아하는 정도가 직업선택에 어떤 영향을 미칠까? 교수라는 직업의 경우를 생각해 보자.

① 말하기를 좋아한다. vs. 피하려 한다.

② 조사 분석을 좋아한다. vs. 피하려 한다.

③ 글쓰기를 좋아한다. vs. 피하려 한다.

④ 어울리기를 좋아한다. vs. 피하려 한다.

⑤ 도움 주기를 좋아한다. vs. 피하려 한다.

⑥ 읽기를 좋아한다. vs. 피하려 한다.

⑦ 토론을 즐긴다. vs. 피하려 한다.

⑧ 사색하기를 좋아한다. vs. 피하려 한다.

⑨ 논리적인 접근을 좋아한다. vs. 피하려 한다.

⑩ 정보나 데이터 수집을 좋아한다. vs. 피하려 한다.

⑪ 기획이나 디자인, 설계하는 것을 좋아한다. vs. 피하려 한다.

만일 '읽기'를 좋아하지 않는 사람이 교수라는 직업을 갖는다면 어떨까? 그 사람은 아주 고역일 거다. 점점 퇴보하고 말 것이다. 교수라는 직업은 끊임없이 지적 자극을 받으면서, 자신의 성장을 먼저 돌봐야 한다. 누군가의 성장을 돕는 걸 좋아하는 사람일수록, 교수라는 직업 세계에서 보람과 성취를 지속한다.

교수라는 직업에 공통적인 흥미 요소(예_ 읽기, 토론, 도움 주기 등)가 있겠지만, 어떤 전공 분야의 교수냐에 따라 좋아하는 요소가 다를 수 있다. 흥미 요소에 따라 직업이나 직무가 달리 작용한다는 점을 고려하는 것이 좋다.

데이터나 정보수집을 좋아하는 사람이 빅데이터 전공 교수를 하면, 오랫동안 만족한 상태로 일할 확률이 높다. 영업직은 사람을 설득하는 것과 사람과 어울리는 것을 좋아하는 사람에게 유리하다. 반면 영업부 안의 영업관리 담당은 데이터나 일 처리를 좋아하는 사람한테 유리하다. 건축업이라 하더라도 현장에서 시공하는 사람들은 몸을 움직이는 활동적인 것을 좋아한다. 반면 설계 파트 사람들은 사무실 근무를 하며, 아이디어를 내면서 포괄적인 사고 활동을 좋아하는 경향이 있다.

사례8 흥미 주제 코칭 대화

참가자 저는 제가 무얼 좋아하는지 모르겠어요.

코치 그렇군요. 그럼 싫어하는 게 무엇인지 물어봐도 될까요? 예를 들면 활동적인 것과 정적으로 생각하는 것, 사물이나 사실을 다루는 것과 사람을 다루는 것, 규칙적인 것과 변화하는 것. 자, 어때요? (상호 대비하여 질문하면 생각하기가 쉬우며, 나열해서 말하거나 그림이나 카드를 보여주면서 질문해도 좋음)

참가자 음, 그렇게 질문하시니 대답하기 쉽네요. 저는 몸을 움직이는 것보다 생각하는 것을 좋아하네요. 또 사물이나 사실을 다루는 것이 좋고, 규칙적인 것이 더 좋아요.

코치 아, 그렇군요. 좋아하는 것이 잘 구별되나 봅니다.

참가자 객관식으로 물어봐 주시니까 그런 것 같아요.

코치 참가자님은 신중한 면이 있어서 생각을 유보하는 편이지만, 자기 자신을 잘 알고 있는 사람이란 생각이 드네요. (존재를 알아주고, 에너지를 높여주기 위한 인정의 표현)

참가자 그런 것 같기도 한데, 칭찬해 주시니까 감사합니다.

코치 누가 시키지도 않았는데, 자발적으로 알아서 일한 후 결과에 만족했거나 혹은 칭찬을 받은 적이 있었나요? (흥미 관련 스토리를 찾아내도록 요청)

참가자 네. 편의점에서 아르바이트할 때 고객들이 상품을 못 찾아서 자꾸 물어보는데, 대답을 해주어도 잘 못 알아들어요. 그래서 각 상품 영역의 천장에 번호 표시를 해서 매달아 놓았지요. 상품 위치를 번호로 알려주니 모두가 편해졌어요. 사장님이 저를 많이 칭찬해 주었던 기억이 나네요.

코치 그랬군요. 그런 자신을 볼 때, 자기는 어떤 사람이라는 생각이 들었나요? (스스로 자기 존재를 바라보고, 인정할 기회를 줌)

참가자 체계적인 사람인가요?

코치 아! 맞아요. 저도 '체계' 그 단어가 떠올랐어요. '아이디어 내는 걸 좋아하고, 실행력도 좋은 사람'은 어떤가요?

참가자 오! 감사합니다.

코치 여행을 간다면 계획을 미리 짜고 가는 편인가요? (추가 증거 확인)

참가자 맞아요. 일정계획과 예산계획을 아주 꼼꼼하게 짜고 갑니다. 그래서 친구들이 계획은 항상 저한테 맡겨요.

코치 친구들이 다 알고 있군요. 그렇게 계획을 세우거나 계획대로 실천할 때 기분이 어때요? (잘한다는 개념의 '강점'과 좋아하는 것을 뜻하는 '흥미'를 구분하기 위해 재차 질문함)

참가자 저는 너무나 좋고요, 그런데 계획대로 안 풀리고 차질이 생기면 스트레스가 막 생겨요. (체계적이지 않거나 계획적이지 않는 것이 스트레스 요인이라는 것을 알 수 있음)

코치 아, 그렇다면 지금 전공하고 있는 회계학이 본인과 잘 맞나 봐요? 어떤가요? (흥미와 전공의 매칭 여부를 확인함)

참가자 맞습니다. 공부해 보니 저랑 잘 맞는 것 같아요.

코치 그렇다면 장래 직업적 비전이 있다면 어떤 건가요? (흥미와 직업의 연계성을 파악하려고 함)

참가자 막연하게 생각했던 것이 공인회계사였어요.

코치 막연하다는 말은 어떤 의미인가요? (사소한 말 속에 담긴 생각의 단서를 찾고자 하는 호기심을 보임)

참가자 시험이 어려워서 확신이 없었나 봅니다.

코치 공인회계사가 된 모습을 상상하면 기분이 어떤가요? (긍정 미래를 상상하게 하여 에너지를 끌어올림)

참가자 (표정이 밝아지면서) 너무 좋습니다.

코치 회계사가 되어 일하고 있는 자신을 상상해 보세요. 어디서 일하고 있나요?

참가자 회계 법인에 소속되어 파트너 회사에 파견 나가서 일하고 있습니다.

코치 회계사가 된 미래의 내가 현재의 나에게 뭐라고 말해주나요? 눈을 감은 다음 잠시 생각해 보고, 미래의 내가 현재의 나를 향해 무슨 이야기를 하는지 말해주세요. (자기암시 효과를 시도)

(잠시 침묵)

참가자 넌 자신의 능력을 과소평가하고 있어! 전문가로 성장하고 싶다고 했잖아! 도전해 봐! 그럼 나를 만날 수 있어! 응원해 줄게!

코치 말하고 나니 기분이 어떠세요?

참가자 스스로 반성하게 되네요. 오늘부터 새로운 마음으로 시작해 보겠습니다. 제가 원하는 모습이 선명해지니까 힘이 생기네요. 감사합니다. (인식이 긍정적으로 전환되고 에너지가 높아졌음을 확인하게 됨)

(이하 생략)

Chapter 5 성격과 강점 이해

성격 이해와 강점 인식

질문 평소 자신의 성격이 어떻다고 생각하나요? 키워드로 작성해
보세요. 예) 긍정적, 활동적, 협조적, 깔끔한, 우유부단한

대답

성격 단어 표현

그룹 활동 시 표7을 이용해 자신의 성격 단어를 적어보자. 돌아가
면서 발표할 때, 발표자의 성격 단어도 받아 적는다. 다 함께 성
격 단어의 부정 표현은 긍정 표현으로 바꾸어 본다. 표7의 긍정
표현 예시를 참조하자.

표7 **성격 단어**

번호	이름	성격 단어	긍정 표현
1	홍길동	1. 즉흥적 2. 까칠 3. 재미없는	1. 실행이 빠르다, 결단을 잘한다. 2. 감정에 솔직하다, 솔직 투명하다. 3. 진지하다, 순수하다.
2			
3			
4			
5			

실습 성격 인식

1단계(자기평가): 1점부터 10점 사이에 자신의 성격은 몇 점일까?

2단계(과제- 타인평가): 자신한테 준 점수와 가장 친한 동료가 알려준 점수를 비교해 보자. 이때 자신의 관점과 타인의 관점을 비교할 수 있고, 인식의 차이를 통해 자신의 스토리를 발굴할 수 있다.

점수	좌측 끝(1점)	우측 끝(10점)
____점	과제 지향적	사람 지향적
____점	소통을 절제하는	소통량이 많은
____점	내향적	사교적
____점	직설적(솔직한)	완곡하게 말하는
____점	말하는 내용에 관심	말하는 사람에 관심
____점	자기표현을 잘 하는	듣고 판단 후 말하기
____점	원칙적(일관성)	유연한
____점	체계적인	융통성 있는
____점	직관적(판단, 결정이 빠른)	심사숙고하는(신중한)
____점	집중하는	다양한 것에 관심 있는
____점	전통, 관습을 잘 따르는	자유분방한

위의 실습으로 알 수 있는 것은? 점수가 낮아도 강점이고, 점수가 높아도 강점이라는 사실이다. 점수가 양 끝에 위치하면, 전형적인 오른손잡이거나 왼손잡이라는 말이다. 만일 점수가 4~7점이라면 어떨까? 양손잡이라고 불러도 좋다. "상황에 따라 양쪽을 사용하나 보네요?"라고 응대할 수 있다. 따라서 "모든 성격은 강점이다."라고 말할 수 있다. 일단 사람(존재, Being)에 대해서 긍

정적 인식을 하고, 긍정적 표현을 하는 것이 중요하다. 누군가 자신에 대해 부정적 표현을 한다면 기분이 어떨까? 바로 자기 안에 답이 있다. 느낌으로 알 수 있다. 나와 성향이 다르다고 틀렸거나 잘못된 것이 아니다. 다른 성향의 사람일 뿐이다. 오히려 오른손만 사용하는 사람이 왼손을 사용하는 사람과 잘 결합하면 시너지를 낼 수 있다.

다만 평상시 행동방식이 어떤 상황에는 매우 적합할 수 있지만, 반대로 다른 상황에는 부적합할 수 있다는 점은 유념해야 한다.

실습1 다음 성격 단어를 긍정적으로 표현해 보자.

① 일관성이 없는:

② 집중하지 못하는:

③ 체계적이지 못하는:

④ 활동적이지 못하는:

⑤ 사교적이지 못하는:

⑥ 다혈질인:

⑦ 오지랖이 넓은:

⑧ 게으른:

실습2 다음 성격 단어를 부정적으로 표현해 보자.

① 추진력이 있는:

② 열정적인:

③ 의사 결정이 빠른:

④ 권위적이지 않은:

⑤ 착한, 사람 좋은, 호인인:

⑥ 신중한, 사려 깊은:

⑦ 자기 개성이 뚜렷한:

⑧ 솔직한:

실습1 해설 다음 성격 단어를 긍정적으로 표현한 예를 보자.

① 일관성이 없는: 융통성이 있는, 상황 대처가 유연한

② 집중하지 못하는: 호기심이 많은, 다양한 데 관심이 많은

③ 체계적이지 못하는: 유연한, 임박착수를 잘하는

④ 활동적이지 못하는: 사려 깊은, 생각이 많은

⑤ 사교적이지 못하는: 선택적으로 사교적인, 깊게 사귀는

⑥ 다혈질인: 의욕적인

⑦ 오지랖이 넓은: 정이 많은, 챙겨주고 싶어 하는

⑧ 게으른: 느긋한, 충전 중인, 선택적으로 게으른

실습2 해설 다음 성격 단어를 부정적으로 표현한 예를 보자.

① 추진력이 있는: 나서는, 침착하지 않는, 무모한

② 열정적인: 뛰는, 지치기 쉬운

③ 의사 결정이 빠른: 충분한 검토를 못 하는, 충동적인

④ 권위적이지 않은: 요청이나 싫은 소리를 못 하는

⑤ 착한, 사람 좋은, 호인인: 자기 것을 챙기지 못하는, 거절하지 못하는

⑥ 신중한, 사려 깊은: 시간이 오래 걸리는, 결단이 느린

⑦ 자기 개성이 뚜렷한: 자유분방한, 규정을 따르지 않는

⑧ 솔직한: 너무 직설적인, 단도직입적인

위의 실습으로 알 수 있는 것은? 누군가는 나의 강점을 약점으로 인식할 수 있다는 것이다. 《성공론》이라는 책에서 데일 카네기는 "자신에 대한 비난이 때로는 위장된 칭찬과도 같다."라고 했다. 남이 나에 대해 잘못 알고 하는 비판에, 자존감이 무너지지 않아야 한다. '아! 잘못 알고 있구나! 이미지를 바꾸도록 내가 무얼 어떻게 하면 좋을까?'라며 자기 성찰의 기회로 삼으면 더 성장하게 된다.

나의 강점이 다른 사람들에게는 단점으로 인식될 수 있다. 혹은 상황에 적합하지 않을 수 있다. 그런 측면에서 생각하자. 사람들은 남을 자기 자신에게 좋고 싫음으로 판단하는 경향이 있다. 다음 4가지의 시각을 갖자.

① 나부터 타인을 긍정적인 시각으로 바라본다.

② 나의 강점이 때로는 누군가에게 그늘로 작동할 수 있으니 반

응을 살피자.

③ 타인이 나의 강점을 잘못 알고 있다면, 강점으로 인식할 수 있도록 나의 조율이 필요하다.

④ 강점은 언제나 강점이 아니다. 상황에 따라 강점이 약점이 될 수도 있다. 상황에 적합하게 움직이는 것이 중요하다. 의사 결정이 빠른 강점을 지닌 사람이, 누구도 경험해 보지 않은 중대한 이슈를, 신중한 검토 없이 평소대로 빠른 결단력을 발휘한다면 어떨까?

사례9 강점 관련 코칭 대화

참가자 저는 부족한 게 많은 사람이에요.

코치 본인 성격에 대해 어떻게 생각하나요?

참가자 좀 미루고 게으른 편이에요. 그리고 우유부단하고 결정 장애가 있는 것 같아요.(참가자들은 단점부터 말하는 경향이 있음)

코치 그래요? 자신의 성격적 강점을 먼저 말한다면 어떤 단어가 떠오르나요? (기분전환 – 대화는 항상 긍정적인 내용부터 다루는 것이 좋음)

참가자 친구들한테 친절하고 배려심이 있다는 말을 종종 들어요.

코치 기억나는 일화를 소개해 줄래요? (스토리를 찾도록 함)

참가자 팀플레이를 하는데 A가 보고서 제출 이틀을 앞두고 갑자기 아파서 자료 조사를 못 하겠다고 했어요. 나머지 친구들이 모두 실망하고 비판했죠. 전 "A는 그럴 사람이 아니다. 그래도 입원할 정도가 아니라니 다행이다."라고 이야기했죠. "A 대신 내가 맡아서 하겠다."라고 제안하고 마무리를 잘했지요. 그때 친구들이 그렇게 말했던 기억이 납니다. 배려심이 있다고요. 제 자랑 같아서 좀 부끄러워요.

코치 와, 성품이 정말 좋은 분이네요. 지금 그 스토리 안에서 본인의 강점 단어를 더 찾아볼까요? 어떤 단어가 있을까요? (강점 키워드를 찾도록 하여 자존감과 자신감 확대)

참가자 네. 솔선수범, 헌신, 책임감. 이런 단어가 떠오르네요.

코치 그렇군요. 긍정 마인드에 완결성도 좋아요. 정이 많은 사람, 그러니까 온정적인 사람이네요. 지금 찾은 강점 단어에 떠오르는 스토리가 있으면 정리해 보고 다음 시간에 소개해 주면 어떨까요?

참가자 예, 제 강점에 대해 생각해 보지 못했는데 그렇게 하면 좋겠어요.

코치 아까 미룬다, 게으르다, 우유부단하다, 결정 장애라는 단점을 말했는데 이런 단어들을 긍정적으로 표현해 볼까요? (인식전환을 시도)

참가자 느긋하다, 여유 있다, 그리고 신중하다. 이렇게요.

코치 생각전환이 빠르네요. 어휘력도 좋고요. 언어지능이 높을 것 같아요. 게으른 것은 다음 스텝을 위해 충전해 두는 것 아닐까요? (인정, 칭찬의 기회)

참가자 그렇긴 하네요.

코치 게으르다고 했는데, 매사에 게으른가요? 아니면 선택적으로 게으른가요? (인식전환을 시도)

참가자 전 선택적으로 게으르네요. 갑자기 제가 게으른 사람은 아니라는 생각이 들어요.

코치 그렇죠? 그럼 우유부단은 어떤 긍정 단어로 바꾸면 좋을까요?

참가자 신중하다?

코치 그러네요. 그리고 판단력도 느린 게 아니라, 딱히 싫어하는 게 없어서 그런 것 아닐까요? (인식전환을 시도)

참가자 예, 맞아요.

코치 결정 장애라고 했는데 그건 누가 결정했나요? (인식전환을 시도)

참가자 예? (웃으면서) 생각해 보니 제가 정했네요.

코치 판단이나 결정을 어떻게 하면 좀 더 빠르게 할 수 있을까요? (의식의 확장)

참가자 음……. 중요하거나 반복적인 일에 결정 기준이 있으면 좋을 것 같아요. 어떤가요?

코치 아주 좋습니다.

참가자 코치님은 어떻게 하세요?

코치 그럼 제가 알고 있는 것을 공유해 볼까요? 마음에 들면 좋겠네요.

참가자 예, 궁금합니다.

코치 저는 중요한 일이라고 생각되는 것은 3가지 기준을 적용합니다. 미래지향적인가? 기회가 되는 쪽인가? 더 높은 목표와 관련되는 것인가?

참가자 생각해 보니 저에게 지금 취업준비가 중요한 일이니까, 어떤 일을 결정할 때 미래지향적인 쪽으로 선택하면 쉽다는 말씀이네요.

코치 예, 맞습니다.

(이하 생략)

강점을 찾는 질문 세트

실습1 스토리와 강점 단어

다음 질문을 통해 스토리를 말하고 그 안의 강점 단어를 찾자.

① 평소에 주변 사람들은 자신의 성격이 어떻다고 말하는가?

② 평소 잘 하거나 자주 하는 행동은? (대인관계/일)

③ 어떤 일을 해냈을 때 기대치보다 결과가 훨씬 좋았던 경험은?

④ 주변으로부터 크게 인정, 칭찬받았던 경험은?

⑤ 힘들었던 경험이나 역경 중 기억나는 것은? (1차 질문)
　　그것을 이겨내는 데 어떤 강점이 발휘되었나? (2차 질문)

⑥ 못마땅한 점이 있는가? (그 점의 반대가 자신의 강점)

사례10 자신을 변화하게 만든 의미 있는 사건

코치 자신을 변화하게 만든 의미 있는 사건은 언제, 어떤 일이었나요? 얘기해 주세요.

참가자 저를 변화시킨 의미 있는 사건은 중학교에서 고등학교로 넘어가는 때였습니다. 중학교 2, 3학년 때 학업 스트레스로 공부 흥미가 많이 떨어졌죠. 전 반에서 정말 열심히 재밌게 노는 학생이 되었습니다. 하지만 저와 가장 친한 친구는 제가 학업을 포기하지 않도록 했어요. 매일 영어 단어 암기를 돕고, 공부하라는 문자를 보내고 전화까지 챙겼죠. 그렇게 제가 공부하도록 이끌어 주었습니다.

전 그 친구의 권유로 신설 고등학교에 입학했어요. 각자 학업에 집중해야 할 중요한 시기인데도 그 친구는 공부 멘토 역할을 했죠. 정말 많이 도와주었습니다. 그 친구 덕분에 성적이 전교 상위권으로 올랐죠. '나도 하면 할 수 있구나.'라는 자신감을 얻었어요. 그 후부터는 정말 두려울 게 없었습니다. 공모전 활동, 외국어 시험 등 쉽지 않은 도전을 했어요. 물론 떨어지기도 했지만, 그것은 하나의 연습이고, 저의 성장을 위한 과정이라고 생각했습니다.

제 삶이 180도 바뀐 건 오롯이 그 친구 덕입니다. 그 순간들을 아직도 잊을 수 없습니다. 그래서 지금의 제가 있으니까요. 저는 이 사건을 통해 '두려워하지 않고 뭐든 도전하면 안 될 것이 없다.'라고 생각하게 되었습니다.

코치 고마운 친구네요. 이 스토리 안에 담긴 자신의 강점 키워드는 무엇이라 생각하나요?

참가자 저의 강점 키워드는 수용, 자신감, 도전, 끈기라고 생각합니다.

실습2 강점 요소의 비중

위 질문에 대한 답들의 공통적 특성을 찾아보자. 다음 4가지의 질문에 강점 요소의 비중을 따져보자. (예_ 실행 10%, 사람 50%, 아이디어 35%, 프로세스/데이터 5%)

　① 목표나 실행력, 추진력과 관련이 있는가?

　② 사람과 어울리거나 사람들을 주로 대하는 것과 관련이 있는가?

　③ 아이디어, 기획, 상상력과 관련이 있는가?

　④ 계획, 데이터, 프로세스, 시스템과 관련이 있는가?

실습3 생애 곡선 작성하기

자기 생애 곡선(Life Curve)을 그린 후 파트너 혹은 그룹 멤버들과 자신의 스토리를 나눈다. 목표한 바를 이루기까지의 강점과 역경을 극복한 사례 속에 담긴 강점을 찾아본다.

　① 인생에서 잊지 못할 중요한 사건을 찾는다.

　② 그 사건의 행복(만족)한 정도를 마이너스인지 플러스인지 메모한다.

③ 가장 행복했던 기억과 가장 힘들었던 기억은 빼놓지 않고 메모한다.

④ 그 사건이 일어난 나이(X축) 상단에 해당 점수를 표시하고, 간단하게 사건명을 기록한다.

⑤ 미래에 예상되는 사건도 나이와 행복 정도 그리고 사건명을 적는다.

⑥ 과거는 실선으로, 미래는 점선으로 연결하여 꺾은 선 그래프를 그린다.

⑦ 돌아가면서 한 명씩 생애 곡선의 스토리를 이야기한다.

⑧ 발표자는 자기가 생각하는 강점 단어를 소개하고, 듣는 사람 (파트너, 그룹 멤버, 코치)은 추가로 강점 단어를 말해준다.

그림8 **생애 곡선**

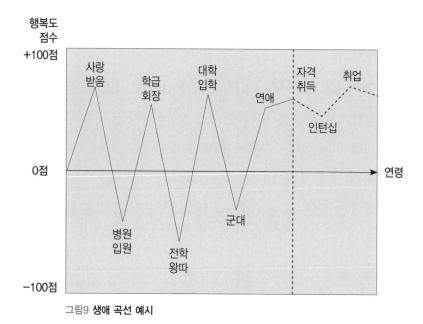

그림9 **생애 곡선 예시**

다음과 같은 질문을 추가로 나누는 것도 좋다.

① 살면서 가장 큰 성취나 행복했던 순간은 무엇인가?

② 성취해낸 것에 어떤 가치 혹은 의미가 있나?

③ 성취감이 덜한 것 중에서 다시 기회가 된다면 새롭게 하고 싶은 것은 무엇인가?

④ 역경으로부터 얻은 교훈은 무엇인가?

⑤ 성취 혹은 역경을 극복하기까지 어떤 강점을 발휘했나?

강점 표현과 작성

강점과 정체성

"당신은 어떤 사람인가요?"라는 질문을 받는다면? 성격이나 강점 혹은 자신을 잘 드러내는 단어로 자기를 표현할 수 있겠다. 이런 질문에 수시로 대답을 연습해 보면 좋다. 바뀌어도 상관없다. 자꾸 답을 찾다 보면 어느 순간 좋은 답이란 것을 알게 된다. 어떤 단어와 그 이유에서 강한 힘을 느끼게 될 때 그것이 자기다움을 드러내기 때문이다.

이때 사용하는 키워드로 자기 삶 속의 강점을 직접 표현하거나, 혹은 어떤 상징을 통해 간접적으로 드러낼 수도 있다.

다음과 같이 은유와 비유를 활용하는 방법으로 연습해 보자. 면접장에서 자주 나오는 질문이니 어떤 모습이 자기다움인지 정체성을 확립해두면 좋겠다.

은유 활용하기

세계적인 동기부여가 앤서니 라빈스는 《네 안에 잠든 거인을 깨워라》라는 책에서 은유(Metaphor)의 힘을 강조한 바 있다. 그리고 자신은 어떤 은유가 마음에 드는지 스스로 밝혔다.

"언론을 통해 나는 여러 번 구루(Guru, 영적 스승)라고 알려졌다. 그러나 나는 그런 은유를 좋아하지 않는다. 나는 이 책을 통해 당신의 개인적인 코치가 되려 한다. 코치는 새로운 것이 아니라 당신이 이미 알고 있는 것을 일깨워서 그것을 행동으로 옮기게 해줄 것이다. 코치는 다른 사람이 최선을 다하도록 헌신적으로 도와주는 사람이다."

우리도 자신을 은유로 표현해 보자. 은유로 자기를 표현하는 방법은 다음과 같다.

나는 _____이다. 왜냐하면 _____

예) 나는 나를 '등대'라고 생각합니다. 왜냐하면 주변 누군가가 어려움에 부닥칠 때 그에게 도움을 주면 보람을 느끼고, 그런 일에서 에너지를 얻는 사람이기 때문입니다.

'왜냐하면'이 자신의 가치관, 강점, 정체성을 설명해 준다. 이 문장을 만들어 읽어보고 마음에 들 때까지 계속 수정하면 좋다. 그리고 나서 계속 자기암시를 하면 무의식에 머물면서 생각한 대로, 자신이 거듭 생각한 대로, 자신이 거듭거듭 생각한 대로 이루어지게 된다.

상징 활용하기

은유와 비슷한 방법이긴 하지만 상징(Symbol)하는 이미지 사진이나 물건을 활용하는 방법이다. 시각적인 것을 좋아하는 사람은 이 방법을 사용해도 좋고 복합적으로 사용해도 물론 좋다.

예) 저는 시계가 들어 있는 그림을 골랐습니다. 왜냐하면 저는 시계처럼 때를 잘 알고, 제가 해야 하는 일에 성실하고도 한결같으며, 저랑 접하는 사람에게 헌신적이고 싶기 때문입니다.

그림10 **이미지로 상징 활용하기**

정체성 묘사 연습

커리어 코칭에서는 자신감이나 자존감을 높이는 작업이 먼저 필요하다. 특히 자존감이 약한 사람을 만나면 그림11과 같이 'ㄱ'부터 'ㅎ'으로 시작하는 말로 자신을 표현해 보는 연습을 과제로 요청해도 좋다.

여러 가지 관점에서 자신을 생각하면서 자신이 소중한 사람이란 것을 찾기에 효과적이다. 미래에 되고 싶은 모습이더라도 현재형으로 표현하는 것이 좋다. 자기가 작성한 것을 소리 내어 읽어보고 힘이 느껴진다면, 작성이 잘된 것으로 봐도 좋다.

나는 **감**사하며 살아가는 사람이다.

나는 **나**를 사랑하는 사람이다.

나는 **도**움을 줄 수 있을 때 더 행복한 사람이다.

나는 **로**봇 콘테스트 대회에서 팀으로 참가한 경험이 있는 사람이다.

나는 **물**구나무서기처럼 세상을 다른 관점으로 보는 사람이다.

나는 **바**깥에 나가는 것보다 안에 있는 것이 좋은 사람이다.

나는 **생**각이 많은 사람이다.

나는 **안**정적인 삶보다 도전하는 삶을 택하는 사람이다.

나는 **자**동차를 좋아하는 사람이다.

나는 **창**의적인 아이디어로 상상하는 것을 좋아한다.

나는 **콩** 반쪽이라도 나눌 줄 아는 사람이다.

나는 **티**키타카가 잘 되는 친구랑 어울릴 때 신나는 사람이다.

나는 **파**란색 하늘과 바다를 좋아하는 사람이다.

나는 **한**다면 하는 사람이다.

그림11 **정체성 묘사 예시**

작성한 후 코치 혹은 파트너와 대화를 나누도록 하면 좋다. 이어서 다음 질문을 통해 생각을 정리하기를 권한다.

대화를 나눈 소감은 어떠한가? 이 활동을 통해 새롭게 인식된 것 혹은 얻은 것은 무엇인가? 앞으로 자기 삶에 적용할 부분이 있다면 무엇인가?

소감을 물어보면 참가자는 자신에 대해 더 생각하게 되고, 자기를 더 알아가거나 자기에게 다짐하는 시간이 된다는 반응을 보인다. 이 활동으로 그 사람의 흥미, 관심사, 성향, 강점, 가치관, 신념, 욕망, 감정 상태, 스트레스, 문제 등에 대해 알 수 있고, 때에 따라서는 추가 질문을 통해 더 깊은 이야기로 들어갈 수 있다.

사례11 강점으로 관점이 전환된 사례

다음은 그룹 코칭을 통해 자기인식이 변화된 소감을 적은 학생의 글이다.

저는 내향적이고 소심합니다. 내면의 사색을 주로 합니다. 하지만 그 생각들을 실행하거나 실천하지는 않았습니다. 이번 코칭 시간은 나를 돌아보고, 자신을 더 멋지게 가꿔 나가는 계기가 되었습니다. 코치님이 자신의 성격에 대해 말해보라고 했습니다. 저는 "일을 벌여 놓고 실천력이 부족하여 마무리를 잘 못하는 게 늘 저의 문제예요."라고 말했습니다. 코치님께서 "호기심이 많아 착수는 빠르지만, 많은 일을 벌이다 보니 에너지가 분산되어 마무리가 약하게 느껴지나 보네요. 완결성에 치중하니 대충 못 넘어가는 성향이 아닐까요?" 할 때 고개가 끄덕여졌습니다.

그리고 저처럼 일을 벌이는 성향의 사람은 어떤 단체에서든 꼭 필요한 사람이라고 말씀했습니다. 저한테는 단점으로 보이는 게 이렇게 장점이 될 수 있음을 알았고, 그때부터 모든 일의 일장일단을 생각하게 되었습니다. 그리고 코치님께서 해주셨던 칭찬은 제게 좋은 선물이자 자산이 되었습니다. 제가 "말을 조금 빨리 하는 편입니다."라고 말하자, "그것은 정보를 많이 전달하는 능력으로 보입니다."라고 말씀해 주셨습니다. 깜짝 놀랐습니다. 동료들 앞에서 저를 좋게 봐주신 코치님 덕분에 저는 제가 모르던 장점들을 바탕으로 앞으로 나아갈 수 있는 원동력을 얻었습니다. 직접 해보는 발표와 면접, 그리고 다른 동료들의 피드백과 모습들을 보고 저를 많이 가다듬을 수 있었습니다. 감사합니다.

사례12 **강점 작성 사례**

강점을 객관화하는 작업이 필요할 때도 있다. 스스로 강점을 찾지 못할 때, 자기를 객관적으로 바라보는 게 필요할 때, 혹은 풍성하게 알아보는 게 필요할 때 과제를 요청하기도 한다. 친구한테 카톡으로 강점을 3개 정도 말해주고, 자신에 대해서도 말해달라고 하면 강점 단어의 폭이 넓어진다. 그렇게 5~6개 얻은 후, 친구 폭을 5~6명 정도로 확대하여 시도해 보면 강점 단어가 더 다양해진다. 표8처럼 강점 리스트를 작성해 보자.

간혹 뜬금없이 느껴지는 단어를 친구가 말해주면 왜 그렇게 생각하는지를 물어보자. 그때 자신도 기억하지 못하는 순간을 친구가 이야기해 준다. 스토리를 찾게 되는 순간이다. 그렇게 하여 강점과 강점 스토리가 풍성해지면 뿌듯해서 밥을 먹지 않아도 배가 부를 것이다. 이렇게 모은 데이터를 가지고 일목요연하게 강점 리스트를 만들면, 커리어 준비에 큰 도움이 된다.

표9처럼 강점을 일과 관계로 나눠 범주화하여 정리하면 더 좋다.

표8 **강점 리스트**

내가 생각하는 나의 강점	공통점	남이 말하는 나의 강점
목표가 생기면 끝까지 한다. 남이 힘들 때 도와준다. 타인의 비판, 조언을 좋아한다. 주어진 일은 무조건 해결한다. 화를 잘 내지 않는다. 존중하고 배려한다. 계획을 세우고 성실히 이행한다. 상대방에게 맞춰서 행동한다. 운동과 책 읽기 같은 자기관리를 매일 한다. 매우 긍정적으로 생활한다.	얘기를 잘 들어준다. 긍정적이다. 호의를 베푼다. 최선을 다한다. 책임감이 있다.	리더십이 좋다. 성격이 꼼꼼하다. 책임감이 있다. 사람에게 호의를 베푼다. 얘기를 잘 들어준다. 항상 최선을 다한다. 긍정적이다. 말을 잘한다. 마음이 되게 여유롭다. 예의가 바르다.

표9 **강점 grouping 리스트**

구분	내가 생각하는 나의 강점	공통점	남이 말하는 나의 강점
일	목표가 생기면 끝까지 한다. 주어진 일은 무조건 해결한다. 계획을 세우고 성실히 이행한다. 상대방에게 맞춰서 행동한다. 운동과 책 읽기 등 자기관리를 매일 한다. 매우 긍정적으로 생활한다.	긍정적이다. 최선을 다한다. 책임감이 있다.	성격이 꼼꼼하다. 책임감이 있다. 항상 최선을 다한다. 긍정적이다.
관계	남이 힘들 때 도와준다. 타인의 비판, 조언을 좋아한다. 화를 잘 내지 않는다. 존중하고 배려한다.	얘기를 잘 들어준다. 호의를 베푼다.	리더십이 좋다. 얘기를 잘 들어준다. 사람에게 호의를 베푼다. 말을 잘한다. 마음이 되게 여유롭다. 예의가 바르다.

강점과 직업의 상관관계

성격의 차이, 즉 강점이 직업선택에 어떤 영향을 미칠까?

교수나 선생이라는 직업의 경우와 자기가 희망하는 직업 2가지를 대입해 보자. 10점 만점에 몇 점이면 각각의 직업에 적당할지 아래 표에 적어보자.

표10 **성격과 직업의 적합성**

성격(강점)	교수/선생	희망 직업 1	희망 직업 2
사교적이다.			
내향적이다.			
체계적이다.			
융통성이 있다.			
권위적이고 엄격하다.			
소탈하고 친절하다.			
의사 결정이 빠르고 직관적이다.			
신중하고 객관적이다.			
과제 지향적이다.			
친절하고 배려심 있다.			
설득을 잘하고, 다변가이다.			
말수가 적고 잘 들어준다.			
열정적이다.			

　실습하면서 어떤 생각이 들었을지 궁금하다. 교수/선생이라는 직업에 모든 항목이 다 필요한 것은 아니다. 사물을 다루는 전공, 사람을 다루는 전공, 사회를 다루는 전공에 따라 즉, 전공 분야마다 요구되는 특성이 조금씩 다르다. 이처럼 성격적 요소가 직업을 선택하는 절대적 기준이 되지는 않는다. 연구할 때, 가르칠 때, 학생을 면담할 때 제각기 요구되는 특성이 다르기 때문이다. 하지만 어떨 때 어떤 강점을 발휘하느냐에 따라 유능함을 예측할 수는 있다.

　관찰하는 사람으로도 유명한 경영학자 피터 드러커는 《피터 드러커 자서전》에서 "어떤 선생을 최고로 만들 수 있었던 요소가 다른 선생에게는 전혀 도움이 되지 않는 것처럼 보였다."라고 했다. 말로써 가르치는 선생, 말을 최대한 자제하면서 가르치는 선생이 각각 있다는 말이다. 선임 의사가 수련의에게 수술을 가르칠 때 세밀한 것까지 설명하는 의사가 있는가 하면, 말을 아낀 채 눈썹을 추켜올리거나 고개를 끄덕이거나 손짓 사인으로도 훌륭하게 전달하는 의사도 있다. 상급생을 잘 가르치는 선생이 있는가 하면, 신입생을 잘 가르치는 선생도 있다. 대규모 강의를 잘하는 선생이 있는가 하면, 1:1 교습을 잘하는 선생도 있다. 또 말보다는 글로 가르치는 데 능숙한 선생도 있다. 지식 전달을 잘하는 선생이 있는가 하면, 학습 동기를 잘 불러일으키는 선생도 있다. 이렇게 다양한 형태로 각자의 강점을 효과적으로 사용한다.

Chapter 6 적성과 생산성

적성

적성이란 직업과 직무에 적합한 정도를 파악하는 잣대이다. 어떤 과제를 수행할 수 있는 능력이라고 표현해도 좋다. 유사한 단어인 소질, 자질과도 혼용하여 사용한다. 사람마다 타고난 소질이 다르니 각각의 영역에서도 능력의 크기가 다를 수 있다.

적성검사

주관적으로 판단하는 방법도 있지만, 워크넷의 적성검사를 통해 점수로 파악해 볼 수도 있다.

코칭 세션 중 필요한 검사를 과제로 요청한 후 다음 세션에서 결과 자료를 가지고 이야기를 나눠보자. 시간을 절약할 수 있고, 더욱 객관화된 자료와 내면의 생각을 동시에 다룰 수 있어서 좋다.

사례13 적성 관련 코칭 대화

코치 지금까지 자기분석을 하면서 희망 직업에 대해 생각해 보았을 텐데, 모든 것이 가능하다면 어떤 직업을 희망하나요?

참가자 저는 아나운서가 되고 싶어요.

코치 아나운서가 되면 어떤 기여를 할 수 있을까요?

참가자 사람들에게 정보나 지식을 전달하면서, 유익함을 통해 사람들의 삶에 도움을 주고 싶어요.

코치 그러시군요. 누군가에게 도움을 주고 싶군요. (적성요인 표를 보여주면서) 그렇다면 여기 적성요인 가운데 아나운서라는 직업은 어떤 게 가장 요구될까요? (본인의 원하는 직업이 어떤 적성을 요구하는지를 생각하게 함)

표11 **적성검사의 적성요인**

성인 적성요인	고등학생 적성요인	중학생 적성요인	비고
언어력	언어 능력	언어 능력	
수리력	수리 능력	수리 능력	
추리력	추리 능력	–	
공간 지각력	공간 능력	공간 능력	
사물 지각력	지각 속도	지각 속도	
상황 판단력	–	–	
기계 능력	과학 능력	과학 능력	
집중력	집중력	–	
색채 지각력	색채 능력	색채 능력	
사고 유창력	사고 유연성	사고 유연성	
협응력	협응 능력	협응 능력	
–	–	학업 동기	

출처 워크넷의 〈직업 심리검사〉 자료

참가자 언어력과 집중력이 중요할 것 같네요.

코치 자신이 각각 10점 만점에 몇 점 정도라고 생각하나요? (척도 질문을 통해 현재 상태를 수치화함)

참가자 언어력은 7점, 집중력은 8점 정도 되는 것 같아요.

코치 만일 내일 아나운서로 응시한다면, 언어 구사력은 몇 점 정도가 되어야 할까요? (척도 질문을 통해 바람직한 목표를 수치화함)

참가자 뛰어나야 하니까 흠잡을 수 없을 정도인 9.5점은 되어야겠어요.

코치 무엇을 보면 9.5점에 도달했는지 알 수 있을까요? (목표 달성에 대한 모습을 마음으로 그려보고 구체적으로 표현하도록 질문함)

참가자 3분 정도의 원고에서 키워드 5개를 찾아내어 구조화한 후 대본에 의존하지 않고 유창하게 전달하겠습니다. 저의 자신감을 보여주고 어조, 억양, 장단 등에 결점이 없으면 될 것 같습니다.

코치 지금 막힘없이 말하는 것을 보니 평소 이 분야에 대해 생각을 많이 했나 봐요. 열정이 느껴집니다. (참가자의 존재에 대하여 인정, 지지하고 코치 자신의 느낌을 전달함)

참가자 그런가요?

코치 6개월 안에 몇 점까지 도달하면 스스로 만족할까요? (단기 목표로 세분하여 질문함)

참가자 시험 때까지 10개월 남았으니까 적어도 9점까지는 도달해야겠어요.

코치 9점에 도달하기까지 무엇을 하면 자신감과 언어 구사력이 잘 갖춰질까요? (지속해서 어떻게 능력을 개발할 것인지를 물어 생각을 자극함)

참가자 한 달에 하나씩 3분짜리 영상을 찍어서, 현직 아나운서 선배에게 피드백과 조언을 받아보겠습니다.

코치 아, 그런 방법이 있겠어요. 그렇게 하면 점점 발전해가는 모습이 눈에 보이겠어요.

(이하 생략)

이처럼 아나운서라면 언어력이, 은행원이라면 수리력과 상황 판단력이, 간호사라면 상황 판단력이나 협응력이 중요하다. 소프트웨어 개발자라면 추리력, 디자이너라면 공간 지각력이 요구된다.

국가 직무능력 표준

'국가 직무능력 표준(NCS: National Competence Standard)'이란 산업현장에서 직무를 수행하기 위하여 요구되는 지식 · 기술 · 태도 등의 내용을 국가가 산업 부문별 · 수준별로 체계화한 것을 말한다. NCS(http://www.ncs.go.kr)를 검색하면 관련 자료를 확인할 수 있다.

이 가운데 아직 직업 세계에 경험이 없는 미취업자면 직업기초능력을 참고하여, 자기계발 목표를 확인한 후 준비하면 도움이 된다. 특히 공기업 등 공공기관 공채 준비 시에는 NCS를 준비해야 한다. 다음 표를 참고하여 현재 수준을 1~10점으로 표시한다. 목표 시점까지 개발할 목표 점수를 기록한 후 인턴십이나 아르바이트 혹은 자기계발 수련을 통해 자신을 향상시킨다.

표12 **직업기초능력 관련 자기계발 목표**

영역	문항	현재 수준	개발 목표
의사 소통 능력	직장생활에서 필요한 문서를 확인하고, 읽고, 내용을 이해하여 업무 수행에 필요한 요점을 파악할 수 있다.		
	직장생활에서 목적과 상황에 적합한 아이디어와 정보를 전달하는 문서를 작성할 수 있다.		
	다른 사람의 말을 주의 깊게 듣고 적절하게 반응할 수 있다.		
	목적과 상황에 맞는 말과 비언어적 행동을 통해 아이디어와 정보를 찾고, 이를 효과적으로 전달할 수 있다.		
수리 능력	직장생활에서 필요한 기초적인 사칙연산과 계산 방법을 이해하고 활용할 수 있다.		
	직장생활에서 평균, 합계, 빈도와 같은 기초적인 통계 기법을 활용하여 자료의 특성과 경향성을 파악할 수 있다.		
	직장생활에서 도표(그림, 표, 그래프 등)의 의미를 파악하고, 필요한 정보를 해석할 수 있다.		
	직장생활에서 도표(그림, 표, 그래프 등)를 이용하여 결과를 효과적으로 제시할 수 있다.		

영역	문항	현재 수준	개발 목표
문제 해결 능력	직장생활에서 발생한 문제를 해결하기 위해서 창의적, 논리적, 비판적으로 생각할 수 있다.		
	직장생활에서 발생한 문제를 올바르게 인식하고 적절한 해결책을 적용하여 해결할 수 있다.		
자원 관리 능력	직장생활에서 필요한 시간을 확인하고, 확보하여 업무 수행에 이를 할당할 수 있다.		
	직장생활에서 필요한 예산을 확인하고, 확보하여 업무 수행에 이를 할당할 수 있다.		
	직장생활에서 필요한 물적 자원을 확인하고, 확보하여 업무 수행에 이를 활용할 수 있다.		
	직장생활에서 필요한 인적자원을 확인하고, 확보하여 업무 수행에 이를 활용할 수 있다.		
대인 관계 능력	직장생활에서 다른 구성원들과 목표를 공유하고 원만한 관계를 유지하며, 자신의 역할을 이해하고 책임감 있게 업무를 수행할 수 있다.		
	직장생활 중 조직 구성원들의 업무 향상에 도움을 주며 동기화시킬 수 있고, 조직의 목표 및 비전을 제시할 수 있다.		
	직장생활에서 조직 구성원 사이에 갈등이 발생하였을 경우 이를 원만히 조절할 수 있다.		
	고객 서비스에 대한 이해를 바탕으로 실제 현장에서 다양한 고객에 대처할 수 있으며, 고객 만족을 끌어낼 수 있다.		
정보 능력	직장생활에서 컴퓨터 관련 이론을 이해하며, 업무 수행을 위해 인터넷과 소프트웨어를 활용할 수 있다.		
	직장생활에서 필요한 정보를 찾아내고, 업무 수행에 적합하게 조직 · 관리하여 활용할 수 있다.		

영역	문항	현재 수준	개발 목표
조직 이해 능력	직장생활에서 직업인으로서 자신이 속한 조직의 구조와 목적, 문화, 규칙 등과 같은 조직 체제를 파악할 수 있다.		
	직장생활에서 직업인으로서 자신이 속한 조직의 경영목표와 경영 방법을 이해하고, 경영의 한 주체로서 조직경영에 참여할 수 있다.		
	직장생활에서 자신에게 주어진 업무의 성격과 내용을 알고, 업무처리 절차에 따라 효과적으로 업무를 수행할 수 있다.		
기술 능력	직장생활에서 업무를 수행함에 있어 도구 장치 및 필요한 기술을 이해하고 선택하여, 다양한 상황에 기술을 적용할 수 있다.		
직업 윤리	직업윤리를 실천하기 위하여 근면하고 정직하며 성실하게 업무에 임하는 자세를 배양할 수 있다.		

스트레스 관리와 생산성

어떠한 조직이든 인재를 뽑고자 애쓴다. 인재란 좋은 성품과 태도 그리고 맡은 업무를 수행할 능력을 갖춘 사람이다. 그러나 정작 좋은 사람을 뽑아 놓고도 생산성이 따라와 주지 않는다면 그 또한 문제다. 회사는 성품이나 태도, 능력이 좋더라도 스트레스 상황에서 취약한 모습을 쉽게 드러낼지 어떨지 궁금해한다. 조직을 이탈하는 원인은 거의 스트레스와 관련이 있다. 그 때문에 인재를 선발하는 과정에서 스트레스에 대응하는 힘이나 스트레스 내성이 어떠한지 파악하려 한다.

'HR 코리아'에서 직장인들을 대상으로 직장 내 스트레스에 관한 설문조사를 했다. 스트레스 발생 요인 1위는 '미래에 대한 불안감'이었고 2위는 '조직원과의 인간관계'였다. 스트레스를 받으면 일에 의욕이 떨어지고 몰입은커녕 심리적 이탈이 벌어진다. 업무성과에 악영향은 물론, 더 심각해지면 이직이라는 최후의 카드를 선택하게 된다.

어렵게 취업 관문을 통과하여 조직에 합류한 사람들이 오래 버티지 못하고 너무나도 일찍 직장을 떠나게 되는 일이 우리 주변에 비일비재하다. 커리어 디자인의 목표를 취업 자체에만 둘 것이 아니라 '오랫동안 만족한 상태'로 일하는 것에 두어야 자기 삶을 매력적으로 가꾸어 나갈 수 있다.

앞에서 버크만 진단 도구를 소개했는데, 버크만이 탄생하게 된 배경을 잠시 알아보자. 버크만 진단을 개발한 로저 버크만 박사는 2차 세계대전 당시 미국 폭격기 조종사 겸 조종사를 교육하는 교관이었다. 그는 동료 조종사들을 관찰하다가 한 가지 의문을 가졌다. '사람들이 평상시 하는 행동과 스트레스를 받았을 때 하는 행동이 왜 다를까? 스트레스를 받으면 왜 다른 행동을 하게 될까?' 그런 생각이 꼬리에 꼬리를 물었다. 그러다 중요한 사실을 발견하게 된다. 스트레스를 받고 출격한 폭격기 조종사들은 평상시보다 폭격의 명중률이 현저히 떨어진다는 것을 밝혀낸 것이다. 사람마다 좋아하는 것과 피하고자 하는 것이 다르다는 것을 인터뷰를 통해 찾아내고, 이를 체계화하여 만든 진단 도구가 바로 버크만이다. 버크만 진단에는 스트레스 행동의 유형은 물론, 어떤 요인이 스트레스를 일으키는지 찾아내는 탁월함이 있다.

버크만 박사는 스트레스 행동은 자연스러운 행동이며 누구나 드러낼 수 있다고 본다. 그런데 사람들은 다른 사람의 스트레스 행동을 보면 '본성이 드러났다.'라는 식으로 표현한다. 이것은 잘못된 말이다. 사람들의 본성은 원래 좋지만, 스트레스로 인해 평상시와 다른 행동을 한다는 것으로 이해할 필요가 있다. '아, 저 사람은 저렇게 스트레스 행동을 하는구나!' 하며 알아차리면 된다. 스트레스 행동을 보면, 그 행동을 문제 삼을 것이 아니다. 욕구가 좌절된 신호이니, 욕구를 알아차리고 응대해 주면 좋은 관계를 계속 유지할 수 있다. 뿐만 아니라 생산적이고 효과적 행동을 지속해 나갈 수 있다.

이제부터 평상시 스트레스를 받을 때 자신은 어떤 식의 행동을 하는지 알아보자. 버크만에서는 유형을 색깔로 구분하고 있으며, 사람들은 1~2가지 반응을 주로 보인다. 자신은 주로 어떤 컬러에 해당하는지 체크박스에 표시해 보자. 또 자기가 어떤 상황에서 누구와 함께할 때 스트레스가 발생하는지 작성해 보자. 향후 자기 조절 능력을 키워가는 데 도움이 된다.

표13 **스트레스 행동**

유형	스트레스 행동	어떤 상황에서 누구와 있을 때 그런가?
Red ☐	참을성이 없어진다. 일을 마구 벌이거나 끝마무리를 못한다. 문제를 축소해버린다. 충동적이고 경솔하다. 다른 사람의 감정에 무감각하다.	
Yellow ☐	지나치게 규칙을 강요한다. 변화하기를 꺼리거나 저항한다. 사람들과 직면하기를 꺼린다. 원칙을 고수하고 양보하지 않는다. 사고나 태도에 경직된 모습을 보인다.	
Green ☐	산만해진다. 타인을 신뢰하지 못한다. 거만한 모습을 보인다. 계획을 따르지 않는다. 개인적인 이해득실을 강조한다.	
Blue ☐	사회적 관습을 무시한다. 지나치게 예민하여 걱정이 많다. 생각이 많고 우유부단하다. 위축감이 들어 자신감이 떨어진다. 문제를 지나치게 확대하여 해석한다.	

조직에서는 인재를 선택할 때 평소 스트레스 상황에 대처할 힘이 있는지를 알고 싶어 하므로, 구직자 스스로 이런 스트레스 행동과 요인에 대해 자기 설명력을 갖춘다면 긍정 이미지를 전달할 수 있다.

스트레스 행동이 평상시 행동(강점)과 다른 것은 다른 사람 눈에 비칠 때 비효과적으로 보인다는 점이다.

따라서 부정적 단어를 사용하지만, 욕구가 해결되면 다시 강점 행동을 드러내게 된다. 본성, 즉 본연지성(본래 그렇게 드러날 수밖에 없는 성품)은 선하고 좋으나, 사람들이 부정적 행동을 하게 되는 이유는 기질지성 때문이다. '본성'은 갖고 태어나는 것이나, '기질'은 환경에 영향을 받는다.

다음은 스트레스 행동 중 대표적인 4가지 유형이다.

과잉반응: 평소보다 말이 많아지거나 목소리가 커지거나 속도가 빨라진다.

침묵반응: 평소보다 말이 적어지고, 대화를 회피하거나 대면을 피한다.

감정반응: 하소연을 하거나 감정 표현 혹은 표정으로 자신을 드러낸다.

냉담반응: 규정이나 원칙, 약속 혹은 목표를 강조하면서 감정을 도외시하기 때문에 차갑게 느껴진다.

어떤 사람은 평소와 크게 달라지기도 하지만, 어떤 사람은 변화가 미미하여 인지하기 어려울 수도 있다. 자신이 어떤 유형인지 잘 모르면 스스로 관찰하거나 주변 동료에게 물어보는 것도 방법이다. 자기가 못 보는 자기 모습을 알 수 있다.

욕구를 파악하는 방법

피터 드러커는 《21세기 지식경영》에서 "서로 접촉하며 움직이는 두 개의 물체는 마찰을 만들어내는 게 자연의 법칙이다. 이 법칙은 인간에게도 똑같이 적용된다."라고 언급했다. 직장생활에서 자주 접하게 되는 것 중 하나가 갈등에 관한 것이다. 이런 갈등은 대부분 다른 사람이 무엇을 원하는지, 어떤 방식으로 대해주기를 원하는지를 모르기 때문이다.

우리는 살면서 다른 사람에게 "나를 이렇게 대해주세요."라고 말해본 적이 별로 없다. 만일 사람마다 서로 원하는 바, 즉 자신의 욕구를 기분 좋게 표현한다면 훨씬 건강한 대인관계를 이어나갈 것이다. 하지만 안타깝게도 이런 표현을 하지 않는다. 그러면서 남이 나를 알아서 잘 대해주기 바란다. 쉽지 않은 일이다. 나도 남을 잘 모르는 것처럼, 남들도 나에 대해 잘 모른다. 나를 어떻게 대해주는 것이 좋은지, 자신의 욕구를 말해보자. 상대가 맞춰주면 스트레스 예방에 도움이 된다. 반대로 타인의 욕구를 알려면 관찰하거나 혹은 "내가 어떻게 대해주면 좋아?" 하는 식으로 질문을 하면 된다. 상대가 싫다는 것을 피해주는 것이 곧 상대를 존중하는 것이다.

사람들에게는 자기만의 고유한 욕구가 있다. 다음 표를 참고하여 어떻게 대해줄 때 만족스럽고 편안한지 체크박스에 표시해 보자.

표14 **욕구 찾기**

구분	말하고 싶은 나의 욕구	어떤 상황에서 누구에게 이런 말을 하고 싶은가?
Red ☐	일의 목표를 명확하게 말해주세요. 결정된 내용은 빨리 알려주세요. 단도직입적으로 말해주세요. 결정할 수 있는 권한을 주세요.	
Yellow ☐	불필요하게 간섭하지 말아주세요. 이유나 근거를 말해주세요. 예측할 수 있도록 일관성을 유지해 주세요. 더 잘하고 싶은 게 무언지 물어봐 주세요.	
Green ☐	새로운 방식을 허락해 주세요. 여러 사람 앞에서 칭찬해 주세요. 자율성을 보장해 주세요. 함께 일할 수 있게 해주세요.	
Blue ☐	개인의 감정을 존중해 주세요. 지시보다 제안하는 형태로 말해주세요. 내 일정을 내가 택할 수 있게 해주세요. 충분히 생각할 시간을 주세요.	

이렇게 대해주기를 바라는 정도가 강하거나, 혹은 그렇게 대해주지 않을 때 많이 불편하다면 아주 '강한 욕구'로 이해할 수 있다. 자신의 욕구를 알아차리거나 관찰하면서 확실하다는 생각이 들면 그때부터 주변 사람들에게 "나를 이렇게 대해주세요."라고 말해보자. 또한, 주변 사람들에게 "내가 어떻게 대해주면 마음이 편해?" 하고 물어보자. 답변을 기억해서 바람대로 응대하는 연습을 자주 한다면, 조직 생활에서 큰 도움이 된다.

사람들은 바로 이러한 내면의 욕구에 따라 '평상시 행동(강점 발휘)'을 하거나 '스트레스 행동'을 한다. 자신과 주변 사람들의 욕구를 아는 것은 인관관계에 매우 중요하다.

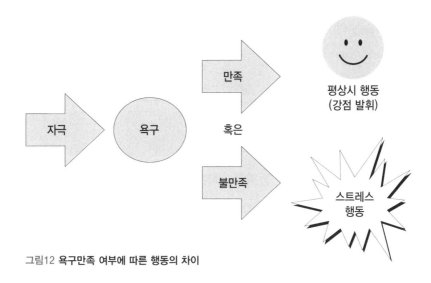

그림12 **욕구만족 여부에 따른 행동의 차이**

앞서 4가지 스트레스 행동 유형을 이야기했는데, 이런 행동을 하는 경우 나타나는 욕구가 각기 다르다.

과잉반응: 과잉된 행동을 하는 이유는 빨리 항복하라거나 빨리 해결하자는 신호다. 즉 행동으로 나아가고 싶은 욕구의 발현이다.

침묵반응: 말이 적어지고 대화를 피하는 이유는 생각할 시간, 즉 아이디어나 정보를 더 탐색한 후에 대면하고 싶은 욕구에서 비롯된다.

감정반응: 감정적으로 변하는 것은 자기 자신을 알아달라는 신호

다. 내 말 좀 들어주고, 내 마음 좀 알아주기를 바란다.

냉담반응: 원칙과 규정 등 약속된 것을 제대로 지키자는 거다. 다시 말해, 일을 제대로 하자는 욕구의 신호다.

스트레스 예방과 관리

사람들은 누구나 스트레스를 받는다. 적절한 스트레스는 삶에 원동력이 되기도 한다. 건강한 긴장감을 주기 때문이다. 결핍이 에너지가 되기도 한다. 부족함을 느끼게 되면 채우려 하기 때문이다. 그런데 그 반대로 움직일 때도 있다. 스트레스를 받으면 도망가고 싶거나, 폭발해버리기도 한다. 그래서 조직에서는 사람을 채용할 때 스트레스 내성이 강한 사람을 선호한다. 같이 일하는 사람이 스트레스에 취약하면, 함께 일하기가 어려워진다.

스트레스의 원리를 살펴보자. 스트레스는 나의 욕구로 인해 생긴다는 전제를 미리 알면 좋겠다. 스트레스를 일으키는 외적 요인은 수시로 발생하지만, 항상 같은 반응을 하지는 않는다. 우리는 친구가 약속 시각에 지각을 반복하더라도 항상 문제 삼지는 않는다. 기분이 좋을 때나 자신이 뭔가 아쉬울 때는 그냥 넘어가기도 한 점을 돌이켜보면 알 수 있다.

이처럼 사건 자체가 문제가 아니라, 사건에 반응하는 자신의 태도나 욕구에서 문제는 비롯된다. 이걸 이해한다면 스스로 자기감정 조율이나 자기통제가 쉬울 것이다. 또 욕구가 강하지 않거나 수용력 혹은 포용력이 크면, 문제 삼는 빈도는 낮아진다.

앞서 성격에 대해 이해했듯이 사람을 긍정적으로 바라보는 것이 중요하다. 어떻게 인식하느냐에 따라 반응이 달라지기 때문이다. 저 사람은 게으른 것이 아니라 여유 있고 느긋한 사람이라고 인식하거나, 나서는 사람이라고 생각하기보다 주도적인 사람이라고 받아들이면 불편하지가 않다.

스트레스 행동은 자연스러운 것이라 했지만, 비효과적이고 비생산적이다. 미리 관리하고 스트레스 행동에 빠지지 않도록 예방할 필요성이 있다. 조직을 떠나는 주된 이유는 바로 스트레스 관리 부족이다. 상사는 상사대로 감정관리를 못해서 리더십에 문제가 생기고, 구성원은 그 스트레스를 견디지 못해 결국 조직을 떠나는 경우가 생긴다. 중요한 것은 '남 탓을 하면 스스로 해결하기가 더더욱 어렵다.'는 점이다. 다른 사람을 변화시키기란 정말 힘들기 때문이다. 남 탓만 하다가 자기 성장의 기회를 놓칠 수도 있다. '좋은 약이 입에 쓰다.'라는 심정으로 잘 이겨내면 어떨까?

〈우리 아이가 달라졌어요〉라는 TV 프로그램이 있었다. 자세히 들여다보면 부모가 다른 방식으로 아이를 대하니까, 아이도 따라서 달라지는 걸 알 수 있었다. 사람한테 스트레스를 받는다면, 사람 공부할 기회가 생겨 좋다고 인식하자. 자기성장을 이어갈 수 있다는 생각으로 대하면 좋겠다

이렇게 4가지 스트레스 행동 유형과 욕구를 알아봤다. 만일 자신이 스트레스 반응 행동을 하려는 걸 인지한다면 3초간 호흡하면서 Stop-think의 시간을 갖기 바란다. 자신이 어떤 욕구로 인해 불편한지를 이해하고 아래와 같이 '이렇게 해주면 좋겠다.'라는 식으로 부탁이나 요청을 표현해 본다.

과잉반응: 분명하게 하면 좋겠다. 서둘러 결정하면 좋겠다, 서둘러 실행에 옮기면 좋겠다.

침묵반응: 생각할 시간을 주면 좋겠다. 신중하게 결정하면 좋겠다. 부드럽게 말하면 좋겠다.

감정반응: 내 말 좀 들어주면 좋겠다. 공감해 주면 좋겠다. 내 의사를 물어봐 주거나 함께 의논해 주면 좋겠다.

냉담반응: 원칙대로 혹은 약속대로 하면 좋겠다. 일관성이 있으면 좋겠다. 변화를 요청하기 전에 미리 이야기해주면 좋겠다.

자기탐색

1. 자기분석

나 알기
완전한 존재, 무한한 가능성을 지닌 존재,
부족하다는 인식이 완전성의 증거

자기 분석 항목
흥미, 강점, 적성, 동기,
태도, 재능, 역량

스토리텔링 공식 CAR STOry
어떤 맥락(누가, 원했던 것, 장애요인)에서,
어떤 액션을 취해, 어떤 결과가 나타남

3. 흥미 속성 구분

홀랜드 검사
실재형, 탐구형, 예술형, 사회형,
기업형, 관습형

버크만/프레디저
Thing(사물/목표), People(사람/소통),
Idea(생각/아이디어), Data(프로세스/시스템)

5. 적성과 생산성

적성
적성이란 직업과 직무에 적합한
정도를 뜻하며, 흥미와 관련성이 높음

적성 파악과 능력 개발
적성검사와 직업능력표준 등을 활용

스트레스
생산성 저하 · 스트레스는 밖(상대방)의
원인이 아니라 나의 욕구에서 비롯됨
예방을 위해 나의 어떤 욕구 때문인지
알고 도움을 요청하는 것이 중요함

4가지 스트레스 행동
과잉반응, 침묵반응,
감정반응, 냉담반응

2. 커리어 코칭의 효과

흥미와 동기
하고자 하는 마음이며, 행동 이면의
자발적 동기가 흥미이자 취미다

흥미 파악을 위한 질문 세트
평소 즐겨 하는 취미활동은?
예전에 시간 가는 줄 모르고 몰입했던 일은?
누가 시키지도 않았지만(열정적으로/신나서)
일했던 경험은?

4. 성격과 강점 이해

성격 이해
모든 성격은 강점이다.

강점으로 인식하기
예) 체계적이지 못하다 → 유연하다
우유부단하다 → 신중하다

강점 찾는 질문 세트
평소에 성격이 어떠하다고 이야기 듣나?
평소 자주 하는 행동은?
기대치보다 결과가 훨씬 좋았던 경험은?
크게 인정, 칭찬받았던 경험은?
누군가에게 못마땅한 점은?

강점 표현
정체성 표현하기

Fishbone Mind Map

PART Ⅲ

직업탐색과 비전

Chapter 7 직업가치관과 직업선택

직업탐색

직업이란 '직(職)'과 '업(業)'의 합성어다. '업'이 '직'보다 더 큰 개념이니 '업'부터 설명하고자 한다. 소크라테스는 "세상의 모든 직업은 누군가를 위해 존재한다."라고 했다.

의사가 의술을 베풀면 환자가 혜택을 받고, 그 대가로 의사는 보수 획득을 하며, 제화공이 구두를 만들면 구두 사는 사람이 혜택을 받고 그 대가로 제화공은 보수 획득을 한다고 소크라테스가 명쾌히 말해주었다. 이렇듯 모든 직업은 자기 자신만을 위한 것이 아니라 누군가 위한 일이라는 점을 분명히 인식할 필요가 있다.

피터 드러커는 "모든 조직의 단 하나 유일한 목적은 고객창출."이라고 강조한 바 있다. 영리추구는 기본 조건이지, 그것이 존재이유는 아니라고 했다. 직업이건 사업이건 개인이나 조직이 만들어내는 그 '가치'가 필요한 사람이 있을 때 직업이나 사업은 지속 가능하다. 내가 취업희망자라면 나를 고용해 줄 사람이 곧 고객이다. '나'라는 상품 혹은 인품을 제대로 드러낼 때 나의 가치가 제값을 받는다. 따라서 어떤 분야에 종사하든 그 업의 정신을 갖출 필요가 있다.

표15 **산업표준에 따른 업종 분류와 희망 분야 선택**

업종 분류	희망 분야	우선순위
A. 농업, 임업 및 어업(01~03)		
B. 광업(05~08)		
C. 제조업(10~34)		
D. 전기, 가스, 증기 및 공기 조절 공급업(35)		
E. 수도, 하수와 폐기물 처리, 원료 재생업(36~39)		
F. 건설업(41~42)		
G. 도매 및 소매업(45~47)		
H. 운수 및 창고업(49~52)		
I. 숙박 및 음식점업(55~56)		
J. 정보통신업(58~63)		
K. 금융 및 보험업(64~66)		
L. 부동산업(68)		
M. 전문, 과학 및 기술 서비스업(70~73)		
N. 사업시설 관리, 사업지원 및 임대 서비스업(74~76)		
O. 공공 행정, 국방 및 사회보장 행정(84)		
P. 교육 서비스업(85)		
Q. 보건업 및 사회복지 서비스업(86~87)		
R. 예술, 스포츠 및 여가 관련 서비스업(90~91)		
S. 협회와 단체, 수리 및 기타 개인 서비스업(94~96)		
T. 가구 내 고용 활동 및 달리 분류되지 않은 자가 소비 생산 활동(97~98)		
U. 국제 및 외국기관(99)		

조직에서는 업의 정신에 맞는 사람을 뽑고자 하며 이런 것은 기업이념이나 기업정신, 핵심가치에 포함해둔다. 해당 업체의 홈페이지를 통해 이를 파악할 수 있다.

표15를 통해 다양한 업종의 분류를 알고, 내가 일하고 싶은 '업'의 분야가 어디인지 살펴보자.

업종별로 다양한 직업이 있다. 교육서비스업 안에는 교사나 교수, 학원 강사, 학습지 교사, 교육행정가, 교육사업가와 같은 직업들이 속해 있다. 자신이 희망하는 직업을 다음과 같이 주 기능과 부 기능으로 나누어 비교한다. 자신에게 맞는 직업을 찾거나, 혹은 자신이 어디에 속하면 좋을지 생각해 보면서 그 의미를 찾아보자. 이때 자신이 어떤 기능을 좋아하는지, 혹은 잘 다루는지를 고려하면 좋다.

직업을 탐색하는 방법 중에 자신이 해당 산업이 선호하는 유형의 사람인지 파악해 보는 방법도 있다. 농림 수산업의 경우 현장

표16 **직업탐색 매트릭스**

직업 특성		부 기능			
		사람	사물	Data/정보/지식	아이디어
주로 다루는 기능	사람	보건/사회복지	판매	교육	여행 기획
	사물	숙박/음식	제조/건설	3D 프린팅 설계	드론 쇼 기획
	Data/정보/지식	금융/보험	사물 인터넷	IT	교육 이벤트
	아이디어	엔터테인먼트	미술, 공예	소셜	문화 콘텐츠

에서 부지런하고 활동적인 사람을, 제조업은 체계적이고 효율을 중시하는 사람을, 서비스업은 배려나 존중과 같은 감성적인 사람을, 금융이나 부동산업은 데이터를 체계화하고 정보 가치를 높이는 사람을, 교육이나 사회복지 서비스업은 사람에 관한 관심과 애정이 많은 사람을, 문화산업은 창조적인 사람을 선호한다.

직업을 작게 나누면 어떤 조직이건 공통적인 직무를 가지고 있다. 공공서비스를 제외한 대부분 비즈니스 업종은 기획전략, 재무회계, 운영기술, 영업판매를 갖는다. 선호 직무가 뚜렷하다면 어떤 직업에 속해서 일해도 지장이 없다. 예를 들면 회계 전공자 경우 어떤 업종, 어떤 직업에서도 일할 수 있다. 즉 어떤 조직이건 회계라는 업무는 필요한 직무이기 때문이다.

사례14 직업탐색 코칭 대화

(진단 검사는 하지 않았고, 취미를 파악한 상태에서 진행함)

참가자 제가 음악 전공자로서 졸업하면 앞길이 아주 좁아 보여요. 과연 어떤 직업을 갖는 것이 좋을지 모르겠어요.

코치 좋아하는 취미가 음악 듣기, 산책하기, 영화 보기라고 했었죠?

참가자 예, 맞아요.

코치 또 앞으로 하고 싶은 것은 혼자 여행하거나 공연 보러 다니기라고 했었고요.

참가자 예.

코치 취미 활동의 특징을 보면 활동적이기보다는 사색적이고 자연 친화적이면서 예술 감상하기를 좋아하는 사람으로 보이네요. 또 여럿이 어울리기보다는 혼자서 집중하는 것을 좋아하고요. 이런 환경에 놓일 때 에너지가 생기지요? 어떤가요? (설명 후 반응 파악, 쌍방향 대화 시도)

참가자 예. 저를 딱 맞게 설명하시네요.

코치 제가 느끼기에도 참가자님의 관계 강점은 공감 능력과 배려심이란 생각이 들어요, 일할 때의 강점은 집중력이나 강한 책임감이고요. 그리고 새로운 방식으로 일하기를 잘하는 스타일이네요.

참가자 예.

코치 음악 전공을 하는 다른 사람들과 참가자님의 차별점이 있다면 무얼까요?

참가자 전 인문계 고등학교에 다니다가 2학년 때 예고로 편입한 특이한 경력이 있어요.

코치 어떤 의미일까요?

참가자 저는 인문계도 잘 맞는다는 생각을 했었는데, 예술계 쪽이 더 끌려서 편입했거든요. 그래서 둘 다 잘 맞는다는 생각이 들어요.

코치 그렇군요. 뒤늦게 시작했음에도 편입에 성공했다면 어떤 강점이 분명히 있겠네요?

참가자 목표가 뚜렷하니까 실기 연습도 정말 많이 했어요. 제가 편입하겠다고 고집부렸으니까 짧은 시간 안에 실력을 키우려고 엄청 집중했고요.

코치 빠른 학습력을 갖고 있었나 봐요. 학습효과를 높이기 위해 자신만의 아이디어들을 접목했을 것 같은데, 어땠나요?

참가자 맞아요. 연주곡을 난이도별로 구분해서 시간을 절약했고, 연주할 때 녹음하면서 취약한 부분만 집중 연습했더니, 확실히 효과가 있었어요.

코치 그렇군요. 취미를 가지고 성향을 분류를 한다면 기획자형이라고 보이네요. 반면 문제 상황에서는 성취 지향 마인드와 실행력을 가지고 있고요.

참가자 예. 그러고 보니 제가 생각했던 게 떠올랐어요.

코치 그게 뭔가요?

참가자 저 사실 예전에 뮤지컬을 보고 나면 공연기획자라는 직업이 멋져 보였어요. 하지만 자신이 없어서 접어두었거든요. (갑자기 목소리 톤이 높아짐, 이런 변화가 단서가 됨)

코치 지금 말하면서 목소리 톤이 높아지고, 말이 빨라진 것을 보니 공연기획자가 되고 싶다는 마음이 커 보이네요. 어떤가요?

참가자 예! 맞아요!

코치 문화예술과 사람의 감성을 접목하는 전공을 하고 있는데, 향후 공연기획자가 된다면 기분이 어떨 것 같나요? (에너지 높이는 질문)

참가자 상상만 해도 기분이 좋아 날아갈 것 같네요.

코치 모든 것이 가능하다고 상상할 때 10년 후 어디서 무얼 하고 있을까요? (미래 상상을 통해 에너지 높임)

참가자 뮤지컬 극단의 공연기획자로서 입지를 세우고, 센세이션을 일으킨 히트 작품을 만든 덕에 상을 받는 장면이 그려지네요.

코치 미리 축하합니다.

(이하 생략)

직업가치관

삶의 가치관과 직업가치관이 일치할 수도, 다를 수도 있다. 가치관이란 가치 체계, 즉 가치 순위이므로 변화할 수 있다. 사회 현상을 바라보거나 직장 생활을 경험하면서 직업가치관이 달라질 수도 있다.

직업가치관이란 결국 어떤 직장을 선택할 것인가? 하는 질문과 직결된다. 세계적인 브랜드 파워를 지닌 회사 혹은 연봉을 많이 주는 회사에 입사했다가 이탈하는 이유는 이 직업가치관과 직결된다. 따라서 직업을 탐색하는 사람이라면 "나는 어디에 속해야 하나?"라는 질문에 답할 수 있어야 한다. 다음과 같은 예시를 보면서 자기 생각을 정리해 보는 것이 좋다. 여러 개가 겹치면 훨씬 더 바람직하겠다.

만일 어느 곳에 소속되었다가 이직을 한다고 가정하고, 다음 요소에 대한 만족감을 체크해 보자. 자기 내면에 긍정 감정이 계속 일어나는 곳에서 일하는 것이 본인이나 고객, 사업주를 위해서도 좋다.

피터 드러커는 다음과 같은 곳에 소속될 필요가 있다고 했다. 지금 속한 곳이 계속 일할 만한 곳인지 점검해 보자.
① 성과를 내면서 기여할 수 있는 곳
② 일이 재미있고 열정이 생기는 곳
③ 만족하면서 오래 일할 수 있는 곳
④ 자신의 가치관과 잘 맞는 곳

이제 자신의 직업가치관을 찾아보자. 다음 표17을 보면서 개인이 먼저 선호순위를 매겨보자. 그룹으로 점수를 부여하면서 왜 그렇게 생각하는지 이야기를 나누어도 좋다. 그런 과정을 거치면서 각자의 생각을 조절할 수도 있고, 주변에 영향을 줄 수도 있다. 1:1 코칭인 경우 주변 친구들과 이야기 나눠보도록 과제를 미리 주는 방법도 있다.

직업가치관은 선호 순서이기 때문에 정답이 따로 있는 것은 아니며, 일종의 편향된 것이기도 하다. 인도 영화 〈세 얼간이〉를 보면 커리어 세계를 유머 감각과 더불어 감동적으로 묘사한 걸 알 수 있다. 영화에는 직업과 관련하여 부모와 주인공들 간에 가치관이 달라 크게 고민하고 갈등하는 장면이 나온다. 부모와 의견 차이가 나는 것은 서로 가치관이 다르다는 것을 의미한다. 틀린 것이 아니라 다른 것이다.

예를 들어 신앙심이 깊은 사람이 백화점과 같은 유통업에 취업하려면 주일(일요일) 근무를 고려하지 않을 수 없다. 한 신앙인은 주류를 판매하는 부서로 배치된 후 심각한 고민에 빠졌다. 직업상 술로 매출을 올려야 하는데, 자신의 신앙심과 부딪히니 말이다.

아래 표17에서 좋은 직장의 조건을 생각나는 대로 각자 추가로 써넣고 이야기를 나눠보자.

표17 직업가치관 점검

번호	좋은 직장의 조건	개인 선호 순위	그룹 선호 순위
1	기업문화가 좋다.		
2	조직의 성장 가능성과 잠재력이 크다.		
3	연봉과 금전적 보상이 좋다.		
4	고용이 안정적이다.		
5	복리후생이 잘 되어 있다.		
6	경영이 투명하고 공정하다.		
7	작업 환경이 좋다.		
8	회사의 비전과 나의 비전이 일치한다.		
9	전공과 적성, 능력을 발휘할 수 있다.		

질문 이야기를 나눈 소감은 어떠한가? 위 과정을 통해 어떤 확신이나 교훈을 얻었는가?

표18 커리어넷 직업가치관과 관련 직업

작업가치관	특성	관련 직업
능력 발휘	직업으로 자신의 능력을 발휘하는 것	검사, 건축기술자, 가수, 국제무역가, 경영 컨설턴트, 작가, 디자이너, 변호사, 쇼핑 호스트, 동시통역사, 모델 등
자율성	일하는 시간과 방식을 스스로 결정할 수 있는 것	조각가, 만화가, 인테리어 디자이너, 컴퓨터기기 기술자, 작가, 운동감독, 운동코치, 애니메이터, 광고기획자, 대학교수, 번역가, 파티플래너, 노무사 등
보수	직업으로 많은 돈을 버는 것	변호사, 의사, 세무사, 관세사, 공인회계사, 감정평가사, 외환딜러, 건축사, 법무사, 도선사, 변리사 등
안정성	한 직장에서 오랫동안 일할 수 있는 것	교사, 변호사, 약사, 영양사, 물리치료사, 의사, 한의사, 손해사정인, 소방관, 세무사, 공인노무사 등
사회적 인정	내가 한 일을 다른 사람에게 인정받는 것	대학교수, 법조인, 아나운서, 기자, 작곡가, 연출가, 항공 우주 공학자, 건축기술자, 작가, 약사, 운동선수 등
사회 봉사	다른 사람들에게 도움이 되는 일을 하는 것	사회복지사, 응급구조사, 소방관, 운전기사, 미용사, 공무원, 교사, 변호사, 여행 안내원, 직업상담원, 장례지도사 등
자기계발	직업으로 더 배우고 발전할 기회가 있는 것	교사, 대학교수, 국회의원, 공무원, 마케팅 전문가, 연구원, 기자, 아나운서, 의사, 경찰관, 응급구조사 등
창의성	스스로 아이디어를 내어 새로운 일을 해볼 수 있는 것	디자이너, 영화기획자, 게임기획자, 일러스트레이터, 만화가, 성우, 네일 아티스트, 컴퓨터 프로그래머, 음악가, 사진사, 무용가 등

표19 **워크넷 직업가치관과 관련 직업**

13개 직업 가치		
가치 요인	가치 설명	관련 직업
1. 성취	스스로 달성하기 어려운 목표를 세우고 이를 달성하여 성취감을 맛보는 것을 중시하는 가치	대학교수, 연구원, 프로운동선수, 연구가, 관리자 등
2. 봉사	자신의 이익보다는 사회의 이익을 고려하며, 어려운 사람을 돕고, 남을 위해 봉사하는 것을 중시하는 가치	소방관, 성직자, 경찰관, 사회복지사, 비영리단체 종사자, 작가 등
3. 개별 활동	여러 사람과 어울려 일하기보다 자신만의 시간과 공간을 가지고 혼자 일하는 것을 중시하는 가치	디자이너, 화가, 운전사, 교수, 연주가 등
4. 직업 안정	해고나 조기 퇴직의 걱정 없이 안정적으로 오래 일하며 안정적인 수입을 중시하는 가치	미용사, 교사, 약사, 변호사, 기술자 등
5. 변화 지향	일이 반복적이거나 정형화되어 있지 않으며 다양하고 새로운 것을 경험할 수 있는지를 중시하는 가치	컨설턴트, 소프트웨어개발자, 광고 및 홍보전문가, 메이크업 아티스트 등
6. 몸과 마음의 여유	건강을 유지할 수 있으며 스트레스를 적게 받고 마음과 몸의 여유를 가질 수 있는 업무나 직업을 중시하는 가치	레크리에이션 진행자, 교사, 대학교수, 화가, 조경기술자 등
7. 영향력 발휘	타인에게 영향력을 행사하고 일을 자신의 뜻대로 진행할 수 있는지를 중시하는 가치	감독 또는 코치, 관리자, 성직자, 변호사 등
8. 지식 추구	일에서 새로운 지식과 기술을 얻을 수 있고 새로운 지식을 발견할 수 있는지를 중시하는 가치	판사, 연구원, 경영컨설턴트, 소프트웨어개발자, 디자이너 등
9. 애국	국가의 장래나 발전을 위하여 기여하는 것을 중시하는 가치	군인, 경찰관, 검사, 소방관, 사회 단체 활동가 등
10. 자율	다른 사람들에게 업무 지시나 통제를 받지 않고 자율적으로 해나가는 것을 중시하는 가치	연구원, 자동차 영업원, 레크리에이션 진행자, 광고 전문가, 예술가 등

11. 금전적 보상	생활하는 데 경제적인 어려움이 없고 돈을 많이 벌 수 있는지를 중시하는 가치	프로운동선수, 증권 및 투자 중개인, 공인회계사, 금융자산 운용가, 기업 고위 임원 등
12. 인정	자기의 일이 다른 사람들로부터 인정받고 존경받을 수 있는지를 중시하는 가치	항공기 조종사, 판사, 교수, 운동선수, 연주가 등
13. 실내활동	주로 사무실에서 일할 수 있으며 신체 활동을 적게 요구하는 업무나 작업을 중시하는 가치	번역가, 관리자, 상담사, 연구원, 법무사 등

직무탐색과 흥미

앞서 직업의 '업' 개념은 설명했고, 이제 '직'에 대해 알아보자. 직을 고용 형태로 구분하면 정규직과 비정규직(계약직, 임시직, 파견직, 시간제, 프리랜서)으로 나눌 수 있다. 직을 일의 형태로 구분하면 생산직, 기술직, 현장직, 연구직, 사무직(행정직), 판매직, 영업직, 전산(IT)직, 서비스직 등으로 나눌 수 있다.

직무 적합성 검사 도구인 '버크만'에서는 업무를 4가지 범주, 즉 생산운영, 영업, 재무회계, 기획전략으로 나눈다. 어떤 조직에서도 이 4가지 기능은 모두 있기 때문이다. 이런 직무에 오랫동안 만족한 상태로 일해온 사람과 유사도가 높은지 낮은지로 직무 적합성을 설명한다. '버크만'에 따르면 직무 선택은 일 처리 방식 혹은 문제가 벌어졌을 때 대처하는 방식과 매우 밀접한 상관관계가 있다고 한다. 이를 단서로 직무 적합도를 파악해 보자.

다음 상황이라면 어떤 것을 선택하겠는가? 각 상황의 대처 방안 1순위와 2순위를 골라 보자.

상황1: 친구와 동업으로 카페를 운영하기로 했다. 어떤 업무를 맡을까?

① 원두를 사러 다니거나 원두를 볶는 일을 맡겠다.

② 홀 서빙이나 주문 접수 등 고객과 소통하는 일을 하겠다.

③ 아이템별/시간대별 매출 분석, 원가 분석 등 각종 데이터 분석이나 회계를 맡겠다.

④ 고객 유입을 위한 판촉 아이디어 등 기획이나 판매 촉진 전략을 짜는 일을 맡겠다.

상황2: 부모님이 운영하던 적자 상태의 가게를 물려받았다. 어떻게 대처할 것인가?

① 목표를 명확하게 잡고 실행력을 더 끌어올릴 대책을 마련한다.

② 부모님, 직원들, 단골들과 문제점에 대해 소통하겠다.

③ 적자 원인이 무엇인지 각종 데이터를 분석하겠다.

④ 흑자전환을 위한 판촉 아이디어를 짜내겠다.

상황3: 다른 팀들이 시도했지만, 해결하지 못했던 과제를 부여받았다면 어떻게 할 것인가?

① 문제를 해결할 수 있는 실행항목을 찾아 바로 실행하겠다.

② 필요한 자원을 지원하면서 사람들에게 동기를 부여하겠다.

③ 시스템이나 프로세스상 빠져 있거나 보완할 점을 찾아 수정하겠다.

④ 다른 팀이 시도했던 방법들을 검토하고 색다른 아이디어를 찾아내겠다.

문항이 적기 때문에 정확하지는 않더라도, 위의 상황별로 ①번을 선택하면 생산운영과 관련된 직무, ②번을 선택하면 영업 직무, ③번을 선택하면 재무회계 직무, ④번을 선택하면 기획전략에 적합하다고 볼 수 있다. 그런데 사람마다 4가지를 모두 활용하는 경우는 별로 없다. 4가지 중 2가지를 주로 사용한다. 우리 손이 4개면 좋겠지만 아쉽게도 2개인 것과 비슷하다.

만일 답이 분산되어 나온다면? 깊이를 추구하기보다 다양함을 추구하는 스타일이다. 스페셜리스트(Specialist, 전문) 영역보다는 제너럴리스트(Generalist, 지원 직군/임원급 이상 상위 직급자)에 가깝다.

2천 회 이상 버크만을 진단해 본 결과 ①번과 ③번은 전형적인 이과 계통이며, ②번과 ④번은 전형적인 문과 계통이었다. 수많은 직장인을 대상으로 파악해 보면 일 처리 방식과 직무 적합도가 일치한 경우가 많았다. 직무 자체에 대한 만족도가 떨어지는 사람에게 물어보면, 역시 자신에게 맞는 선호 유형의 일을 하지 않는 것을 알 수 있었다.

업무의 큰 그림을 그리면서 사무실에서 집중적으로 일하는 사람에게 모르는 사람들을 만나는 판매영업을 시킨다면 어떨까? 여러 가지 일을 처리하는 생산운영에 적합한 현장형의 활동적인 사람에게 사무실에서 사람과 접촉하지 않는 숫자 다루는 일을 시킨다면 어떨까? 이런 경우가 선호 유형과 맞지 않는 경우다.

하지만 다행히도 앞에서 다룬 흥미 속성과 일 처리 방식이 유사한 사람이 무척 많았다. 다음의 흥미와 일 처리 방식을 비교해 보면서 자신은 어떤지 파악해 보자.

표20 **흥미와 일 처리 방식**

특성		나의 결과	
흥미 속성	일 처리 방식	주된 흥미	일 처리 방식 2가지
목표 실행	생산·운영·기술		
사람	영업		
데이터 프로세스	재무·회계		
아이디어	기획·전략		

일 처리 방식과 강점 행동의 차이

일 처리 방식과 같은 말은 문제 해결 방식이다. 일 처리 방식이 '사고 영역'을 다룬다면, 흥미나 강점, 욕구, 스트레스 행동은 '관계 방식'이다. 일 처리 방식은 문제 상황에서 어떻게 대처하는지 패턴화된 사고방식을 알아보는 것이다. 따라서 강점 행동은 평상시 행동이지만, 일 처리 방식은 당면한 문제 앞에서의 사고 우선순위와 관련된다.

그래서 관계 방식과 일 처리 방식은 유사한 사람도 있지만 다르기도 하다. 두 방식이 어떻게 다른지 다음 사례를 통해 알 수 있다. 자신을 생각해 보면서 주변 친구는 어떻게 인식하고 있는지 이야기를 듣고 비교하는 것도 도움이 된다.

사례15 평소 행동과 일 처리 방식이 다른 사례
사교적인데, 소통을 미룬다?

광고회사 기획 팀의 A씨는 평소 사교적이어서 관계 폭이 넓고 모르는 사람과도 쉽게 말을 트는 편이다. (관계 방식)

회사에서는 영업에 적합하다고 판단했다. 영업 팀을 보강하기 위해 영업으로 직무전환을 시켰다. 하지만 무슨 일인지 광고주와 의견 차이가 잦아서 늘 갈등을 빚었다.

평상시 행동과 달리 문제 상황이 발생하면, A씨는 아이디어나

데이터 수집에만 골몰하는 식으로 일을 처리했다. 광고주가 광고 시안에 대해 컴플레인을 제기하면 빠른 대처를 해야 하는데, 그렇지 못했다. 아이디어가 나올 때까지 사람을 만나거나 소통을 하지 않으니 컴플레인이 끊이지 않았다. 결국, 회사 안팎의 압박을 견디지 못하고 사표를 쓰고 말았다. (문제 상황에서의 일 처리 방식)

사람 친화적인데, 사람한테 무감각하다?

회사가 소프트한 조직문화로 변화할 것을 강조했다. B본부장의 부서도 분위기가 경직되어 있어서 변화가 필요했다. B본부장은 디테일에 강하고 완벽을 요구하는 등 평소 관리 스타일이 깐깐하다는 평을 듣고 있었다. 조직관리 개선 차원에서 자기를 보좌해 줄 부드러운 유형의 팀장을 물색했다. 그러다가 인사성도 밝고 친근하면서도 온정적인 C팀장이 마음에 들어 함께 일하자고 제안했다. (관계 방식)

정기 인사를 통해 C팀장이 자신의 본부에 배치되자 B본부장은 내심 변화를 기대했다. 하지만 어느 정도 시간이 지나도 부서 분위기가 별반 나아지지 않았다. C팀장의 리더십에 대한 구성원들의 피드백을 받아보니 의아스럽고 당황스러웠다. C팀장은 평상시엔 온정적이고 사람 친화적인 강점을 지녔다. 하지만, 문제 영역에 들어가면 사람에 관해서는 무감각해지고, 목표와 일만 보는 스타일로 변했다. 즉 문제가 생기면 프로세스와 결함 원인을 찾는 등 위임보다는 디테일에 신경 썼다. (문제 상황에서의 일 처리 방식)

B본부장은 C팀장이 직접 관리하는 방식으로 일을 해결한다는 걸 뒤늦게 알게 되었다. 성격 유형과 일 처리 방식이 다를 수 있다는 것을 전혀 몰랐던 사례다.

개방적인데, 말을 못 한다?
교사로 활동하는 D씨는 유머 감각도 좋고 사람들과 스스럼없이 개방적으로 소통하는 스타일이다. (관계 방식)

하지만 누군가에게 부담 주는 말을 하기가 쉽지 않다. D씨는 자기 집에 세 든 사람과 세금을 나누어 내야 하는데, 돈 달라는 말을 못 하여 몇 달째 미적거리고 있다. (문제 상황에서의 일 처리 방식)

Chapter 8 비전설정과 실행계획

비전, 미션, 목표, 핵심가치 세팅

자신한테 맞는 직업을 찾는다는 건 매우 소중한 일이다. 자신이 원하는 직업은 사회적으로 어떤 의미가 있을까? 어떤 사람에게 어떤 도움을 줄 때 행복할까? 모든 직업은 누군가를 위해 기여할 때 존재한다. 이렇게 찾은 직업이 자기 가슴뿐 아니라 주변 사람의 가슴까지 뛰게 한다면 에너지는 더욱 솟아 날 것이다.

표21 희망 직업 목록 만들기

구분	키워드	희망 직업	가슴 뛰는 직업
좋아하는 것 (흥미/취미)			
잘하는 것 (강점/미덕/적성)			
가치관에 맞는 것			

사례16 희망 직업 선택을 위한 코칭 대화

(도입 부분 생략)

참가자 저는 컴퓨터 다루는 것을 초등학교 시절부터 좋아했고, 잘하는 것도 소프트웨어 개발 쪽이었어요. 중학교 때부터 각종 SW

대회에서 수상한 경력이 있어서, SW 특기자가 되어 E-커머스 전공으로 입학했어요. 하지만 제대 후 복학하니 E-커머스 전공은 경영학과와 통합되어 없어졌어요.

코치 아, 그랬군요. IT 시대에 맞는 기술력을 갖고 있었군요.

참가자 네. 하지만 경영학과로 통합되니까 똑똑한 친구들이 많아서 학점관리가 어려워요. 경영학에서 배우는 것들이 저랑 흥미가 맞지도 않고요. 제 주특기를 살릴 수 없어서 고민입니다.

코치 그런 고민이 있군요. 분명 IT에 특화된 강점이 있는데, 그걸 살리지 못하니까요. 경영학 전공 학점은 취약하니 향후 진로 선택에 어려움이 있겠어요.

참가자 예. 맞습니다.

코치 혹시 가족, 종교, 돈, 명예, 개인적 삶 등에서 어느 것을 가장 중요하게 생각하는지요?

참가자 저는 돈보다 종교적인 것을 더 소중하게 생각합니다. 부모님과 마찬가지로 저도 모태신앙입니다.

코치 그럼, 직업을 선택에도 그 기준을 고려할 건가요?

참가자 예. 저는 공동체적 가치를 높이는 일을 하고 싶습니다.

코치 강점인 IT 기술과 공동체의 가치를 결합한다면 어떤 일을 생각할 수 있을까요?

참가자 글쎄요. IT와 관련된 일을 하고는 싶은데, 뭘 하면 좋을지 모르겠어요.

코치 경영도 배웠으니 3가지를 결합할 수 있는 것을 찾아본다면 어떨까요? (내면에 갖고 있는 자원을 활용)

참가자 예. 생각났어요. 교회와 지역사회 아이들에게 코딩 교육을 하고 싶어요. 사회적 기업을 만들어서요.

코치 그렇군요. 그걸 하면 무엇이 좋아지나요? (의미 발견, 한 차원 높은 목표 확인)

참가자 코딩 교육이 의무화되었지만, 어려워하는 아이들도 있어요. 학원에 다니기 어려운 아이들을 가르치면 좋아할 거 같고, 저도 신날 것 같습니다.

코치 그 일을 하려면 무엇이 필요할까요?

참가자 함께하는 사람이 있으면 더 잘할 수 있겠어요. 전공이 바뀌어서 저랑 똑같은 고민을 하는 학과 친구가 있거든요. 그 친구한테 제안하면 좋아할 거 같아요. 이야기해 보면 그 친구도 저랑 생각이 비슷하거든요. 코치님, 다음 주에 만날 때 그 친구를 데리고 와도 될까요?

(이하 생략)

비전을 시각화하면 좋은 이유

미국 하버드 MBA 과정 졸업생을 대상으로 졸업 10년 후를 조사했다. 그 결과 13%의 졸업생은 뚜렷한 비전과 목표가 있었지만 87% 졸업생에겐 그런 것이 없음을 발견했다. 13%도 다시 파악해 보니 남을 돕고 사는 상류층이 3%, 중산층이 10%였다. 상류층 3%는 비전과 목표를 '기록'으로 가지고 있었던 반면, 중산층 10%는 '마음' 속에만 새기고 있었다.

직업적 비전과 미션을 작성하고 계속 볼 수 있도록 시각화하는 것이 중요하다.

표22 **미래 탐색 매트릭스**

구분		20___년 (세)	20___년 (세)	20___년 (세)	20___년 (세)
변화 모습	개인 생활				
	가정 생활				
	직업 세계				
	사회 생활				
3년 혹은 ( )년 후 꿈이 이루어진다면 어디에서 무얼 하고 있을까?					
이루고 싶은 직업적 비전(V)과 미션(M)	나에게는 꿈이 있습니다. 그것은 ( )년 후 ( )에서 ( )이 되어 ( )을 하는 것입니다. 이 꿈이 이루어지는 것은 ( )을 돕는 일이며 ( )한 가치가 있어서 제게는 소중합니다. 이 꿈은 누구에게나 말하고 싶은 저의 자랑스러운 꿈입니다.				

마지막 칸의 직업적 비전(V)과 미션(M)을 따로 적어둔 것을 VM 카드라고 이름 지었다.

VM 카드를 스마트폰 열 때마다 볼 수 있다면 어떨까? 비전을 현실화하는 실행력을 키워가거나 습관화하는 데 도움이 된다.

VM 카드 작성 하기

VISION MISSION CARD

"나에게는 꿈이 있습니다.
그것은 생명과 건강을 돌보는
간호사가 되어 심신의
불편함을 줄여줌으로써 사람들이
행복한 삶을 이뤄나가도록 돕는
것입니다. 이 꿈은 누구에게나
말하고 싶은 자랑스러운 꿈입니다."

VISION MISSION CARD

"나에게는 꿈이 있습니다.
내가 생각한 것을 만들어낼 수 있는
뛰어난 설계기술자가 되는 것입니다.
사람들의 삶을 편리하게 해주고
더불어 환경도 지켜나갈 수 있는
제품을 만들어내고 싶습니다."

그림13 VM 카드 작성 예시

좌측 사람의 직업적 비전은 간호사이며 미션의 키워드는 '돌봄'과 '도움 주기'이다. 미션은 자신의 가치관 혹은 삶의 의미와 같다. 자신이 찾은 미션을 생각하면서, 이와 관련하여 유사한 직업을 더 찾아볼 수도 있다. 사회적 약자를 돌보는 사회복지사, 어린아이를 돌보는 유치원 교사, 마음을 보살피는 상담 전문가, 국내외 비영리 기관에서 일하는 구호 활동가 등 폭을 넓혀 생각해도 좋다.

직업적 비전과 미션을 써보면 처음부터 마음에 들지는 않는다. "나에게는 꿈이 있습니다. 그것은 크리에이티브한 디자이너가 되어, 사람들이 미적으로 아름다움을 즐기면서 편리한 생활을 하도록 돕는 것입니다." 이것도 계속 다듬으면서 발전시킨 것이다.

위와 같이 VM 카드를 만들기 위해 고민하는 사람도 적지 않을 것이기에 다음 절차를 따라가 보면 좋겠다.

실습 정체성 묘사

1단계(자아상, 셀프 이미지): 자기 자신을 다양하게 묘사해 보는 연습을 통해 자아상과 자기 이미지를 더욱 강화할 수 있다.

2단계(직업 관련): 직업과 관련한 자아상을 염두에 두고 작성해 보는 것도 추천한다.

예시1

ㄱ: 나는 **감**성이 풍부하다는 소리를 많이 듣는 사람이다.

ㄴ: 나는 **나**누며 사는 것을 좋아하는 사람이다

ㄷ: 나는 **동**물과 교감할 때 행복한 사람이다.

ㄹ: 나는 **리**더 역할을 하면서 팀을 잘 이끌었던 사람이다.

예시2

ㄱ: 나는 **공**구들로 뭔가 만들어내는 일을 좋아한다

ㄴ : 나는 **남**들에게 웃음을 줄 때 기분이 좋다.

ㄷ : 나는 **동**기부여를 잘하는 사람이다.

ㄹ : 나는 **리**포트를 체계적으로 작성하는 것을 좋아한다.

비전과 목표 설정

직업적 비전을 찾기 위해 다음과 같은 질문에 답해보면 좋다.

① 나는 어떤 직업인이 되고 싶나?

② 그것은 내 삶에 어떤 의미인가?

③ 그 직업은 누구에게 어떤 도움을 주나?

④ 그 직업인이 되기 위해 1년 이내의 목표는 무엇인가?

⑤ 목표를 이루기 위해 꾸준히 실행력을 유지하는 핵심가치는 무엇인가?

이런 질문을 거쳐 비전과 단계적 목표를 세운다.

비전: 나는 세계적 실력을 갖춘 무대감독이 되어, 예술과 첨단기술이 접목된, 최고 무대에서, 감동적인 공연을 하고 싶다.

1단계: 브로드웨이 뮤지컬 무대감독이 된다.(5년 안에)

2단계: 미국 소극장에서 인턴 기회를 얻는다.(3년 안에)

3단계: 포트폴리오를 완성, 외국 기획사에 제출한다.(올해 안에)

4단계 컴퓨터 및 손 그림 등으로 실험적 아이디어를 정리한 것을 표현해낸다. (올해 상반기 안에)

미래 직업탐색

자신이 희망하는 직업이 복수인 경우가 많다. 이럴 때 우선순위를 정할 필요가 있다. 다음과 같은 요소를 기준으로 하여 분석하는 것이 도움이 된다.

표23 **직업탐색 매트릭스**

희망하는 직업명	채용 시장은 어떠한가?	장래성은 어떠한가?	집안 DNA와 관련이 있는가?	직업이 필요로 하는 능력, 자격, 태도는?	우선 순위

출처 이의용, 《스무 살의 나의 비전》

표24 **직업 분석 예시**

직업명	채용 시장은 넓은가?	장래성이 있는가?	집안 DNA와 관련이 있나?	직업이 필요로 하는 능력, 자격, 태도는?	우선 순위
기계 설계사	매년 일정 수준	좋음	아버지	전공 지식, 자격증	1
연구원	매년 일정 수준	보통	이모	매우 높은 수준의 전공 지식, 외국어 능력	5
전산 응용 기계 제도기사	매년 일정 수준	좋음	X	필요로 하는 전공 지식, 자격증	2
플랜트 설계 기술자	매년 일정 수준	좋음	X	높은 수준의 전공 지식, 외국어 능력	4
기계 공무원	매년 일정 인원 채용	공무원의 안전성	X	필요로 하는 과목에 대한 학습, 기계 관련 전문 지식	3

사례17 **미래 직업탐색 코칭 대화**

코치 본인의 흥미와 강점, 가치관 등에 관한 이야기를 나누면서 자기분석을 해봤는데, 어떤 직업인이 되면 좋을지 생각 정리가 되나요?

참가자 제가 취미를 말할 때 의욕이 생겼거든요. 프라모델은 중학교 때부터 본격적으로 시작했고, 대학교에 들어와서 다시 시작한 취미 활동입니다. 이것을 직업으로 하면 행복할 것 같아요. 사실 저는 공부에 큰 취미가 없거든요.

코치 프라모델로 행복을 느낄 만큼 좋아하는군요. 그러면 직업을 염두에 두고 준비하는 게 있나요?

참가자 그런 구체적인 생각은 못 해봤어요. 다만 더 깊게 배워 프라모델을 작품처럼 만드는 기술들, 대표적으로 도색하는 걸 배우고 싶어요. 다양한 모델을 더 높은 퀄리티로 만드는 법을 배우고 싶은 거예요.

코치 그런 취미를 가진 마니아들이 많으면, 자연스럽게 전문가들이 생기겠어요.

참가자 예. 맞습니다. 엄청 잘하면 직업이 될 수도 있을 거예요. 동호회도 있고 전국 프라모델 대회도 있어요. 잠시 인터넷 검색을 해봐도 될까요?

(검색을 마치고)

참가자 보통 프라모델, 피겨를 만드는 사람들을 '프라모델러'라고

하네요. 마니아들이 늘어나고 있어서 취업 시장은 아주 좁을 것 같으니 프리랜서로 일하면 좋겠네요. 생각해 보니 프라모델 도색 공방을 차리거나 도색 공방 카페나 전시 카페를 창업할 수도 있겠어요.

코치 흥미 분야를 보면, 손으로 조작하는 것을 좋아하는 거로 나오는데, 가족이나 친척 중에 비슷한 직업에 종사하는 분이 계시나요?

참가자 아버지가 아파트 인테리어 사업을 하세요. 그러고 보니 유사성이 있네요. 하지만 아버지는 제가 프라모델 갖고 노는 것을 좋아하지는 않아요.

코치 아버지의 인테리어 사업과 프라모델을 연결 지으면 어떤 생각이 드나요?

참가자 아버지한테 도색에 대해서 배울 수 있고, 미적으로 디자인하는 것도 배울 수 있는데 그동안 생각하지 못했네요.

코치 도움을 청하면 아버지가 어떤 반응을 보이실까요?

참가자 저의 미래에 관해 아버지와 별로 이야기를 나누지 못했어요. 제가 현장에 따라다니면서 배우겠다고 하면 좋아하실 거예요. 전에 방학 때에도 그런 말씀을 하셨거든요.

코치 아버지가 좋아하실 것이라며 말하면서 표정이 밝아지는 것 같네요?

참가자 그런가요? 프라모델 꾸미는 것과 인테리어가 일의 성격이

비슷하다는 생각을 못 했어요. 제가 프라모델러가 될지는 아직
모르겠지만, 인테리어 쪽에 관심을 두고 배우면서 프라모델에도
응용할 것을 찾아보면 좋겠네요. 그러다가 인테리어 쪽으로 관심
이 커지면 아버지가 하는 사업을 이어서 할 수도 있겠고요. 그러
면 아버지가 좋아하실 것 같네요. 덕분에 제 생각이 더 커진 느낌
이에요. 감사합니다.

미래 직장 분석

직업을 정하고 난 후 직업과 관련된 직장에 대해서도 다음과 같
이 분석하면, 좀 더 체계적인 준비를 해나갈 수 있다.

표25 미래 직장 분석 매트릭스

미래 직장 후보	업종, 최근 경영 실적 등 경영정보	기업비전과 목표, 원하는 인재형	직장 조건, 여건 (지리적 위치, 연봉 기업문화 등)	채용 시기, 절차	직업인이 되기 위해 갖춰야 할 것들

선호 직무 특성 분석

직업 세계에 들어가면 누구나 직무를 부여받게 된다. 직군마다 직무가 있다. 영업 직군에서도 기획 직무를 할 수 있고, 회계 직무를 할 수 있다. 자신의 흥미 속성과 매칭될 때 만족한 상태로 일할 가능성이 크다. 흥미가 아이디어형이라면 전략이나 기획 직무를 다루는 것이 유리하다. 만일 흥미 선호가 4가지 흥미 영역 (85쪽 표4 흥미 속성 구분 참조) 중 하위 2가지에 속한다면, 그런 직무에서는 어려움을 겪을 수 있다. '사람'이라는 속성을 좋아하지 않으면서 '영업판매' 직무를 하는 경우가 그러하다.

경찰직에서 수사 업무를 선호하는 경우, 이 직무의 특성은 법을 다루면서 과거를 추적하므로 D(데이터)형이다. 또 목표를 향해 현장에서 몸을 움직이는 일이 많으므로 T(사물)형이라 하겠다. 따라서 이런 유형에 흥미가 있다면, 수사관 업무를 할 때 비교적 오랫동안 만족한 상태로 일할 수 있다.

표26 **선호 직무 특성 분석 예시** 사무직/영업직/판매직/기술직/생산직/현장직/연구직/IT직/서비스직

희망 직군명	직무 내용	직무 구성 비율(%)			
		T형 (물건/도구/ 활동을 다룸)	P형 (사람을 상대)	I형 (아이디어를 다룸)	D형 (데이터를 다룸)
서비스직	유튜버 방송인	20%	40%	20%	20%
기술직	아바타 개발자	40%	10%	40%	10%
기술직	3D 프린팅 기사	65%	5%	15%	15%
서비스직	메타버스 강사	20%	40%	30%	10%

비전 인터뷰

다양한 인물과 인터뷰를 하면, 자신을 돌아보고 미래를 준비할 수 있다. 혼자 하기에 심리적 부담이 있는 경우에는 동료와 함께 해도 좋다. 사전에 인터뷰 질문을 준비하면 시간이 절약된다. 이런 활동은 다양한 사람과 소통하는 방법을 익힐 수 있을 뿐 아니라, 경험을 듣는 기회도 된다. 인터뷰를 마친 학생들의 경험담을 들어보면, 대부분 사람은 누군가를 도와주려는 따뜻한 마음이 있다는 것을 알 수 있다.

수업 때 이런 과제를 주면 "사람들이 만나주지 않으면 어떻게 하나요?"라며 걱정하는 학생이 가끔 있다. 하지만 실패한 학생은 한 명도 없었다. 심지어 자신이 원하는 회사를 찾아가서, 명함을 받아오라고 해도 모두 해냈다. 학생들에게 이런 질문을 했다.

① 만일 자신이 회사원인데, 대학생이 찾아와서 직무 관련 인터뷰를 부탁하면 어떻게 반응할 것 같나요?
② 회사 정문에서 기다리다가 점심 후 사무실로 복귀하는 회사원한테 그런 요청을 하면 더 쉽지 않을까요?
③ 인터뷰 후에 명함을 얻으려면, 어떻게 부탁하는 게 좋을까요?

이렇게 질문하면, 긍정적으로 반응했다. 그리고 받아온 명함을 자료로 자신의 10년 후 명함을 만들어 제출하라는 과제도 성공적으로 해냈다.

인터뷰 방법

① 해당 인물을 만나 다음 예문을 참고하여 인터뷰한다.

② 인터뷰 결과를 노트에 성의 있게 정리하여 본인의 비전설정
에 참고한다.

③ 함께 촬영한 사진도 붙여놓는다.

표27 비전 인터뷰 질문 예시

인터뷰 대상	질문 내용	일정 계획
① 전공이 같은 동기	· 10년 후 어떤 모습을 기대하나요? · 비전을 이루기 위해 지금까지 무엇을 시도해 왔고, 앞으로 무엇을 할 것인가요? · 비전을 이루었다고 할 때, 무엇이 그것을 이루게 했을까요? · 학교와 학과에 대해 어느 정도 만족하나요? 이유는요? · 대학 생활 중 꼭 해보고 싶은 버킷리스트 하나가 뭘까요?	
② 전공이 같은 4학년	· 졸업을 앞두고 어떤 생각을 하고 있고, 무엇을 어떻게 준비하고 있나요? · 졸업 후 어느 분야로 진출할 생각인가요? · 직업에 대한 비전은 무엇인가요? · 4학년으로서 후배에게 해주고 싶은 유익한 조언이 있을까요?	
③ 전공이 다른 4학년 (관심 분야)	· 졸업을 앞두고 어떤 생각을 하고 있고, 무엇을 어떻게 준비하고 있나요? · 졸업 후 어느 분야로 진출할 생각인가요? · 직업에 대한 비전은 무엇인가요? · 4학년으로서 후배에게 해주고 싶은 유익한 조언이 있을까요?	

④ 전공이 다른 동기 (관심 분야)	· 전공이 무엇이며, 어떤 내용을 어떻게 공부하나요? · 이 전공 분야에서 가장 중시되는 개인 역량은 무엇인가요? · 졸업 후 어느 분야로 진출하나요? · 학교와 학과에 대해 어느 정도 만족하나요? 이유는요? · 10년 후 어떤 모습을 기대하나요? · 비전이 있나요? 비전을 이룰 직업은 무엇인가요? · 비전을 이루기 위해 무엇을 시도해 왔고, 앞으로 무엇을 할 것인가요? · 비전을 이루었다고 할 때, 그것을 이루게 한 자신의 강점은 무엇이라고 생각하나요? · 대학 생활 중 꼭 해보고 싶은 버킷리스트 하나가 뭘까요?	
⑤ 군 복무를 마친 남자 복학생 (남학생 경우)	· 군 생활은 언제, 어디에서, 어떤 일을 하면서 보냈나요? · 군 생활을 통해 얻은 점과 잃은 점은 뭘까요? · 군 생활을 보람 있게 하려면요? · 입대 시기는 언제가 적당할까요? 이유는요? · 복학 후 학교 생활 적응에 대해 조언해 준다면요?	
⑥ 휴학을 경험한 복학생	· 왜 휴학을 했고, 휴학 중 무엇을 했나요? · 휴학하면서 얻은 점 하나, 잃은 점 하나는 뭘까요? · 10년 후 어떤 모습을 기대하나요? · 비전이 있나요? 비전을 이룰 직업은 무엇인가요? · 비전을 이루기 위해 지금까지 무엇을 시도해왔고, 앞으로 무엇을 할 것인가요? · 비전을 이루었다고 할 때, 그것을 이루게 한 자신의 강점은 무엇이라고 생각하나요? · 대학 생활 중 꼭 해보고 싶은 버킷리스트 하나가 뭘까요?	
⑦ 교수 (전공과 관계 없음)	· 현재의 전공을 택한 이유는 무엇이었나요? · 교수님의 20대 꿈은 무엇이었나요? · 교수님이 본 학생들에 대한 평가는 어떤가요? (다른 대학과 비교하여) · 평소 제자들을 가르치면서 가장 강조하는 점은 뭘까요? · 인생에서 대학 생활 4년이란 어떤 건가요? · 다시 대학생이 된다면 무엇을 해보고 싶은가요?	
⑧ 사람 대상 직업인 도구와 기계를 다루는 직업인 정보를 다루는 직업인 (관심 분야 1가지 선택)	· 현재 하는 일은 어떤 일인가요? 일과는요? · 이 일을 하는 데 필요한 자질, 능력이 있다면요? · 이 일을 하게 된 계기는요? · 이 일을 통해 이루고 싶은 비전은 뭘까요? · 앞으로 이 직업을 갖고 싶은 사람은 무엇을 어떻게 준비해야 하나요?	

만일 입사희망 회사에서 면접할 때 자신이 입사하기 위해 이러한 인터뷰 과정을 거쳤다고 밝힌다면 면접관이 어떤 반응을 보일지 생각해 보자.

VMOV 매트릭스 작성

비전과 미션을 정하고 나면 실행단계로 나아가야 한다. 비전을 현실화하기 위해서는 단기적 목표를 세우고, 이것을 달성해 나가는 것이 중요하다. 이런 것들을 한눈에 보기 좋게 작성한 것이 그림14의 VMOV(Vision-Mission-Objectives-Value) 매트릭스다.

매트릭스는 두 축으로 구분한다. 첫째, 시각화다. 외적으로 보이는 부분이 비전과 목표이고, 눈에 보이지 않는 부분이 미션과 핵심가치다. 둘째, 시간 축의 관점에서 볼 때 장기적인 것이 비전이고, 장기 비전에 맞춰 단기적으로 달성할 것을 목표로 구분하였다.

외적

비전을 실현하기 위한 목표는 무엇인가? (Objectives)	10년 후 꿈이 이루어진 모습은? (Vision)
목표행동을 지속하기 위해 요구되는 핵심가치는 무엇인가? (Core Value)	어떤 사람으로 기억되길 바라는가? (Mission)

단기 ・・・・・・・・・・・・・・・・・・・・・・・・・・・・・・・ 장기

내적

그림14 **VMOV 매트릭스**

각각 VMOV에 대한 자신의 답을 찾기 위한 질문

비전: ___년 후 직업적으로 이루고 싶은 꿈(비전)은 무엇인가? 어떤 직업인이 되고 싶나?

미션: 어떤 직업인으로 인식(기억)이 되길 바라나? 그 직업인이 되어 어떻게 기여하고 싶나? 세상에 어떤 도움을 주고 싶나?

목표: 비전을 달성하기 위해 ___년 안에 꼭 이루고 싶은 것은 무엇인가? 달성하기 위한 목표는 무엇인가? ___년 후 무엇을 보면 비전을 향해 전진해간다고 할 수 있나?

핵심가치: 행복, 평화와 같은 목적가치가 있는가 하면, 수단가치도 있다. 목표를 이루기까지 실행을 지속하려면 어떤 핵심가치(수단가치)가 필요한가?

핵심가치(수단 가치)와 관련한 단어들

감사, 결단, 겸손, 긍정성, 관용, 근면, 기여, 기지, 끈기, 너그러움, 도움, 도전, 독립심, 모범, 목적의식, 민감성, 배려, 보상, 봉사, 사랑, 사려 깊음, 상냥함, 상상력, 성실, 소신, 솔직함, 신뢰, 신용, 열정, 예의, 용기, 용서, 우의, 위임, 유머, 유연성, 이상 품기, 이해심, 인내, 인정, 자기계발, 자기관리, 자기표현, 자비, 자율성, 절실함, 절제력, 정리정돈, 정의로움, 정직, 정확, 존중, 중용, 진실함, 집중, 참여, 창의성, 책임감, 청결, 초연함, 최선, 충직함, 친절, 탁월함, 평온함, 학습력, 한결같음, 헌신, 협력, 호기심, 화합, 확신

목표를 이루어 나가는데, 핵심가치의 어떤 단어가 바람직할지 선택이 쉽지 않을 것이다. 결정하기 어려운 경우에는 일단 마음에 드는 것을 고른 후, 단어 숫자만큼 매트릭스를 만들고 마치 리그전을 하듯이 가치 단어끼리 1:1 매칭을 하여 선호도 높은 쪽으로 결정하면 된다.

표28 **가치 단어 1:1 매칭 매트릭스 예시**

	끈기	목적의식	열정	절제력	한결같음	
끈기		O	O	X	O	채택
목적 의식	X		X	O	O	채택
열정	O	O		O	O	채택
절제력	O	X	X		X	
한결같음	X	X	X	O		

외적

·코치 자격 취득 ·교육 과정 개발 ·책 저술	·전문코치 ·기업 강사 ·작가 ·1인 사업가

단기   장기

·지적 호기심 ·왕성한 학습력 ·대인 민감성	·평생 학습하면서 사람을 성장시키는 사람

내적

그림15 **VMOV 매트릭스 작성 예시**

표28 예시는 5개의 가치 단어를 고른 후 가치 단어끼리 서로 비교하여 선호도가 높은 3개 단어를 고르는 과정을 소개한 자료이다.

그림15는 은퇴 후 전문코치를 준비하는 성인이 작성한 샘플이다.

정체성과 직업적 비전

코치는 아래와 같은 직업적 비전에 대해 질문하거나, 그룹 활동을 통해 발표를 요청하여 상호 지지를 도울 수 있다. 발표하면 선언적 의미가 있어서 기억이나 행동이 강화되는 효과가 있다.

나는 어떤 사람이 되길 원하는가?	소중한 사람들을 지킬 수 있는 공익 활동가 자기가 맡은 일을 성공시킬 수 있는 전문가

그림에 대한 설명	맡은 일을 프로페셔널하게 처리하고 사람들을 돌볼 줄 아는 사람

그림16 **정체성과 직업적 비전을 결합한 예시**

목표 행동 세팅

비전이 어느 정도 구체화되면 단기적 목표도 구체화한다. 비전은 장기적이므로 단기적인 목표를 세워나가면서 실행으로 옮기는 과정이 필요하다. 비전에서 출발, 실행 목표를 세운 사례를 보자.

VM
설계 기술자가 되어 사람들의 삶을 편리하게 해주고, 더불어 환경도 지켜나갈 수 있는 제품을 만들어내는 것.

1단계 목표
학과 수업을 충실히 이행하여 전공 관련 지식을 실전에 활용할 수 있도록 습득한다.

2단계 목표
관련 자격증을 취득한다. (설계기사, 제도기사 등)

3단계 목표
원하는 회사에 취업 하거나 공무원 시험을 치른다.

4단계 목표
회사에 필요한 사람이 되는 것과 동시에, 내가 하고 싶은 일을 할 수 있는 위치에 오른다.

그림17 **비전에 따른 단계적 목표 세우기 예시**

목표 척도화 및 구체화

목표를 추상적으로 말하는 경우가 있다. 예를 들면, "열심히 하겠다."고 말한다면 어느 정도 열심히 하겠다는 건지 알 수 없다. 코칭 대화 중에 척도 질문을 활용하면 구체화가 가능하다.

사례18 목표를 구체화하기 위한 척도 질문

코치 비전 실현을 위해 올해 안에 어떤 목표를 세우면 좋을까요?

참가자 전공과 관련한 자격증을 취득하는 겁니다.

코치 자격증 취득을 10점이라고 한다면, 현재는 몇 점 정도에 와 있을까요?

참가자 꾸준히 준비를 해왔으니 아마 6점 정도입니다.

코치 그렇다면 8월 말까지 몇 점에 도달하면 좋을까요?

참가자 한 8점에 도달하면 좋겠습니다.

코치 무엇을 보면 8점에 도달한 걸 알 수 있을까요?

참가자 자격시험 준비반 수업을 모두 완료하고, 예상 문제집을 모두 푸는 겁니다.

코치 아, 그렇군요. 8월 말에 8점에 도달했다면 무엇이 그걸 가능하게 했을까요?

참가자 음……. 생각해 보니 문제풀이를 3시간씩 학습하고 복습하면서, OO스터디 반에 참가하면 더 도움이 될 것 같아요. 좋은 질문을 해주시니 도움이 되네요.

표29 **목표 설계와 목표 측정 계획**

	비전 실현을 위한 목표	현재 수준	목표 수준	목표가 달성된 것을 확인할 수 있는 모습	목표를 지향하는 행동계획/실천
1	자격증 취득	6점	8점 (8월까지)	자격시험 준비반 수업 완료 예상 문제집 학습 종료	문제풀이 3시간씩 학습, ○○스터디 반 참가
2					
3					

현재 수준과 목표 수준을 10점 만점에 몇 점인지 표시하되, 목표 수준은 종료 시점을 정하여 표시함.

SMART 목표 기술

목표를 세울 때는 SMART한 목표로 기술할 때 효과가 크다. SMART한 목표 세우기란 피터 드러커가 조직에서 '목표에 의한 관리'를 권하면서 제시한 기법이다. 하나씩 살펴보자.

① S(Specific): 목표가 구체적인가?

② M(Measurable): 목표를 측정할 수 있나?

③ A(Action-oriented): 행동 중심적인가?

④ R(Realistic): 실현이 가능한가?

⑤ T(Time Bound): 시한이 정해져 있는가?

자격증 취득을 목표로 하는 경우 작성하는 예는 다음과 같다.

목표 기술 내용을 적을 때는 맨 아래부터 채워나가는 것이 좋다. 아래서부터 한 문장으로 이어지므로 T부터 S까지 역순으로 작성하는 것이 편하다.

표30 **SMART 작성 목표 예시**

	구분	목표 기술 내용
S	구체적인가?	주말 8시간, 평일 5시간씩 집중한다.
M	측정 가능한가?	시험과목 모의고사 90점 수준을 유지하되
A	행동 중심인가?	스터디 그룹 활동과 학원에 다니면서
R	현실성이 있나?	준비가 덜 된 3개 과목에 보다 집중해서
T	시한은 정했나?	올 연말까지

목표와 실행계획

비전에 따른 목표를 세웠다면 그다음 순서는 구체적 실행계획이다. 커리어 실행계획을 구체화할 때는 강점과 약점이라는 관점에서 출발한다. 보완할 부분과 필요한 역량을 도출하여 이에 따른 실행계획을 세우는 것도 해볼 만하다.

표31 **목표와 실행계획 예시**

구분		목표	실행계획
강점 발전 방안	전공/교과 활동	경영학, 마케팅, 광고 홍보	메타버스 활용, NFT
	직무 연결 비 교과 활동/체험	동아리 활동, 대외 공모전 3등 수상	인턴십
	기타 활동	봉사 활동, SNS 활동	동아리 멤버와 유튜브 채널 운영
약점 보완 방안	전공/교과 활동	3학기 말까지 평점 3.9	학점 평점 보완
	직무 연결 비 교과 활동/체험	TOEIC 점수	해외 단기연수
	기타 활동		해외 봉사활동
커리어 방향	하고 싶은 업종/직업/직무		엔터테인먼트 분야, 콘텐츠 크리에이터
	필요역량		기획력, 영상 제작, PT 능력

　많은 대학생이 스펙을 쌓으려고 애를 애쓰지만, 인사 담당자들은 그렇게 중요하게 생각하지 않는다고 한다. 정작 중요한 것은 스펙과 희망 직무와의 연결 여부다. 따라서 희망 직무 분야를 찾아내는 것이 먼저다.

능력 개발계획

실행 과제 중 하나가 직업 기초 능력 개발이라면 이에 대한 계획을 구체화하는 방법을 찾자. 어떤 능력을 언제까지 어느 수준으로 어떻게 개발할 것인지 질문하면 다음과 같은 표를 만들 수 있다.

표32 **직업기초능력 개발계획 예시**

순서	직업기초 능력 (무엇을)	어느 수준 까지	언제까지	어떻게(구체적으로)
1	외국어 능력	외국인과 의사소통이 가능할 정도	4학년 종료 전까지	문제풀이 3시간씩 학습 토익 900점 이상 달성 및 스피킹 학습을 통하여 비즈니스 프리토킹이 가능한 수준까지 향상
2	경영학 및 법학 지식	대학원 입학 가능 수준	4학년 종료 전까지	학교 전공 수업과 함께 별도로 외부강의를 통해 지식 습득, 특히 시험에 관련된 부분에 집중하여 공부
3	효율적 업무 수행 능력	업무 시 지장이 없는 정도	인턴 종료 전까지	대학교 3~4학년쯤 공항공사 인턴에 지원하여 실무에 대한 경험 축적, 차후 업무를 효율적으로 수행할 수 있게 준비
4	대인관계 능력	호감을 얻을 정도	대학교 졸업 전까지	아르바이트, 팀 프로젝트, 동아리 등에서 활동

실행촉진

실행력이 강한 사람도 있고 그렇지 않은 사람도 있다. 어떤 조직이건 상사는 몸을 움직여 실행하는 구성원을 좋아한다. 특히 한국은 산업화를 거치면서 '빨리빨리'가 중요한 미덕으로 자리 잡았다. 코칭은 말로만 상담하고 마치는 것이 아니다. 참여자의 자율성을 존중하면서 실행을 촉진하고 스스로 책임지게 만든다.

변화가 쉬울까? '사람은 절대 변하지 않는다.'라는 말이 있다. 다른 사람으로부터 "당신은 변하지 않을 사람이야."라는 말을 들으면 어떤 기분이 들까? 누구나 더 좋은 사람이 되고 싶어 한다. 성장 욕구가 있다. 변화가 가능하지 않다면 강의나 책이 무슨 소용이 있을까?

캐럴 드웩 교수는 《마인드셋(Mindset)》이라는 책에서 이처럼 변화되지 않는다는 생각을 '고정 마인드셋(Fixed Mindset)'이라했고, 변화 가능성이 있다는 생각을 '성장 마인드셋(Growth Mindset)'이라고 했다. 어떤 마인드셋을 가져야 할까? 우리는 마음먹은 대로 행동 변화가 잘 이루어지지 않는 것 같다. 하지만 어떤 계기를 만나면 실행력이 커진다.

다음 표는 학생이 자신의 시간관리 문제점과 개선책을 작성한 내용이다. 하지만 본인이 의도한 대로 이루어지지 않는다며 고민을 꺼내놓았던 사례다.

표33 **시간관리 문제점과 대책 예시**

시간관리 문제점	원인	개선책
잠 때문에 미루는 일이 많다.	아르바이트 및 과제로 늦게 잠들게 되어 습관같이 행동이 굳어짐.	과제를 빠르게 처리하고 일찍 자는 습관을 만든다.
계획한 시간 내에 일을 처리 하지 못한다.	여러 가지 일을 해야 할 경우, 시간별로 정해놓고 하지만 정확하게 계획된 시간에 마무리하지 못한다.	일을 처리하는 속도를 높이기 위해 집중력과 능력을 향상한다.
여유를 갖게 되면 게을러 진다.	일을 열심히 처리하다가도 여유가 생기게 되면 잠을 자거나 친구들과 어울려 놀며 회복보다는 피곤을 얻게 된다.	노는 횟수와 시간을 정해놓고, 너무 무리하면서 놀지 않는다.
계획대로 일이 진행되지 않으면 매우 짜증 난다.	시간 계획을 세운다고 해도 해야 할 일은 많고 시간은 제한적이라는 상황이 너무 스트레스로 다가온다.	플래너를 활용하여 조금 더 확실하게 계획을 세우고 실천한다.

이런 실행에 대한 이슈는 코칭에서 자주 다루는 사례다. 참가자는 자신의 의지력 부족을 탓하거나 심지어 자기 자신을 자책한다. 누구나 실행력을 높이고, 좋은 습관을 만들고 싶어 한다. 내 경우 감사일기를 매일 10년째 쓰는 습관이나 운전 중 차선 양보 습관도 하나의 계기에서 출발해서 습관으로 자리 잡았다.

자신이 어떤 유형에 속하는지를 안다면 그에 따른 코칭을 전개하여 실행력을 높일 수 있다. 그레첸 루빈은《나는 오늘부터 달라지기로 결심했다》에서 변화에 반응하는 유형을 4가지로 구분했다. 자신이 어떤 유형인지 알면 그에 따른 효과적인 대응방식을 만들 수 있다.

표34 **변화에 반응하는 유형**

구분	준수형	의문형	강제형	저항형
내적 기대	Yes	Yes	No	No
외적 기대	Yes	Why?	Yes	No

준수형: 남과 자신이 기대하는 행동을 하며 외적 기대와 내적 기대를 모두 쉽게 받아들인다. 스스로 변화행동을 잘 이끌어 나간다.

의문형: 스스로 최선이라고 믿으며 모든 기대에 의문을 제기한 후 자기가 옳다고 생각하는 기대만 충족시킨다. 확실한 필요를 느끼면 변화 행동이 빠르다.

강제형: 다른 사람을 실망시키고 싶지 않다. 외적 기대는 쉽게 받아들이지만, 내적 기대는 충족시키기 어려워한다. 따라서 외적으로 강제가 될 때 실행력이 높아진다.

저항형: 원하는 행동을 자기 방식대로 하는 유형이다. 외적 기대와 내적 기대를 가리지 않고 모든 기대에 저항한다. 완고한 유형이고, 굳어진 습관을 변화하는 데 상당한 시간이 걸린다.

자신이 준수형이 아니라고 실망할 필요는 없다. 그런 사람의 숫자는 적을 테니 말이다. 또 한 가지 유형에 머물러 왔을 수도 있지만, 상황에 대한 인식 수준에 따라 다른 유형으로 바뀔 수도 있다. 따라서 '상황 인지'가 중요하다. 절실한 줄 알면 사람들은 변하게 되어 있다. 과업에 절실하고, 자기 자신한테 성실하고, 타인에게 진실하면, 삶이 충실(Enrichment)해진다.

대개 사람들은 남과의 약속은 잘 지키는 편이나 자신과의 약속은 지키지 못한다. 작심삼일인 경우가 많다. 삼일마다 다시 작심하면 되는데 그렇지 못하여 아쉬울 때도 있다.

코칭이 효과적인 이유가 바로 여기에 있다. 참가자는 매 코칭 세션 마지막에 반드시 다음 세션 때까지 실행할 내용을 코치와 약속한다. 코치는 그다음 세션을 시작할 때 실행에 대한 리뷰로 성찰학습을 돕는다. 이를 통해 코치는 격려, 지지, 응원할 수 있다. 그리고 실행력을 높이기 위한 새로운 방법을 코칭하게 된다. 코칭 도중 참가자가 실행력을 보이지 않더라도 '모든 사람은 무한한 가능성을 지니고 있다.'라는 코칭 철학처럼 코치들은 참가자들의 가능성을 믿자.

실행력을 높이는 방법은 피터 골위처의 연구를 참고하자.

① 어려운 과제일 때 언제, 어디서 실행할지를 기록하게 한 경우와 구체적인 장소와 시간을 요구하지 않은 경우, 실행완수 반응이 각각 66%와 20%로 나타났다.

② 쉬운 과제일 시에는 양 집단 모두 80% 정도가 과제를 수행했다.

코치는 난이도와 참가자의 특성을 생각해야 한다. 실행을 촉진하기 위해서는 구체적으로 물어보는 것이 도움된다.

하나의 어려운 목표에 해당하는 과제를 선택한 경우 언제, 어디서 실행할 것인지를 물어보자. 포스트잇 활용도 좋은 방법이다. (그룹 코칭인 경우에는 각자 쓰고 발표하도록 함)

3개 이상의 어려운 과제를 해야 할 때는 오히려 구체적인 시간과 장소를 요구하지 않는 것이 요구할 때보다 실행을 더 많이 한 것으로 나타났다.

참가자가 실행과제를 많이 선택한 경우에는 격려와 지지가 필요하다. 세션과 세션 사이에 리마인드를 해주는 것이 효과적이다.

코칭 중에 실행과 관련한 대화 사례를 보자.

사례19 실행약속 관련 코칭 대화

코치 오늘 코칭을 통해 새롭게 인식된 부분은 어떤 것인가요?

참가자 저는 부족한 사람이라고 알고 지냈는데, 강점이 많은 사람이란 것을 새삼 알게 되었어요. 결국, 제 안에 답이 있다는 것도 깨달았어요.

코치 그렇군요. 도움이 된 것 같아 저도 좋습니다. 다음 세션 때까지 어떤 것을 실행해 보면 좋을까요?

참가자 아까 이야기 나왔던 것 중 메타인지의 중요성을 깨닫게 되었습니다. 학습하거나 프로젝트를 할 때 혹은 아르바이트할 때에도 메타인지 관점에서 정리하거나 주변 사람들에게 표현하겠습니다.

코치 예. 좋습니다. 메타인지를 하고 있다는 것을 제가 어떻게 알 수 있을까요?

참가자 글쎄요. 제가 메타인지한 내용을 일과 후에 카톡으로 알려 드리면 어떨까요?

코치 그거 정말 좋습니다.

참가자 1일 1톡 하겠습니다.

코치 감사합니다. 그럼 이것으로 오늘 코칭을 마쳐도 될까요?

참가자 예. 저도 감사합니다. 그럼 다음 주에 뵙겠습니다.

사례20 실행리뷰 코칭 대화

코치 지난주에 메타인지를 실행하고, 카톡도 보내줬어요. 실행하 면서 어땠나요?

참가자 정말 많은 도움이 되었습니다.

코치 어떻게 도움이 되었는지 궁금하네요. 좀 더 나눠주실래요?

참가자 메타인지를 알게 된 덕분에 문제해결을 잘 했거든요.

코치 역시 그렇군요.

참가자 카페 아르바이트를 하면 진상 고객을 만나게 돼요. 정말 사소한 컴플레인을 듣다 보면 가끔은 짜증이 나고 그랬어요. 고 객한테 그 이유를 설명해도 별로 도움이 되지 않았어요. 변명으 로 들렸나 봐요.

코치 예. 그럴 수도 있겠네요.

참가자 그래서 지난주부터는 컴플레인을 하면 '멈추고 생각하기(Stop-think)'를 활용했어요. 고객이 말한 컴플레인(What)을 반복했어요. 고객의 요구를 "이렇게 하면 될까요?"(How)로 확인한 후 먼저 반영했어요. 행동하고 나서 이유(Why)를 설명했지요. 그렇게 하니까 대부분 고객이 고맙다고 인사하더라고요. 내가 잘했구나 싶어서 좋았습니다.

코치 와우, 정말 응용을 잘했네요. 수고를 더 했지만, 기분은 더 좋아진 셈이네요.

참가자 예, 맞습니다.

코치 아주 좋은 경험을 했어요. 그런 경험은 앞으로의 삶에 어떤 도움이 될까요?

참가자 갈등 상황을 다루는 데 도움이 될 것 같습니다. 팀 프로젝트 역할을 나누거나, 중간 결과를 리뷰할 때 활용하면 좋을 것 같습니다.

목표 행동의 습관화 전략

생리학에서 심리학을 분리해낸 미국의 윌리엄 제임스는 《심리학의 원리》라는 책을 통해 "표면적인 관점에서 생명체를 볼 때 가장 먼저 눈에 띄는 것은 그들은 습관의 집합체라는 점이다."라고 말했다. 성격이라는 것도 결국은 평소 행동, 즉 습관이라고 말할 수 있다.

찰스 두히그는 《습관의 힘》이라는 책을 통해 "뇌과학과 심리학이 습관 형성과 자기 훈련을 과학의 영역으로 다룬 지는 고작 30년에 불과하며, 1990년대에 과학적 연구가 진척되기 시작했다. 습관을 저장하는 두뇌 부위는 기저핵(Basal Ganglia)에 해당한다. 바로 이 기저핵의 기능 덕분에 운전이나 양치질처럼 반복적으로 하는 행동은 의식하지 않고도 잘하게 된다. 그러나 이 기저핵은 스트레스 반응, 음주, 흡연 등 좋아하지 않는 습관을 없애고자 할 시에는 방해 역할을 한다."고 했다.

습관화 발전 단계

1단계는 의식조차 못 하는 단계다. 습관을 만들겠다고 생각하는 순간, 2단계인 의식의 단계로 진입한다. 3단계에서 비로소 행동이 반복된다. 4단계는 이미 습관이 되어 의식하지 않고도 잘하게 된다.

다음 표는 '불평하지 않고 지내기 습관'을 만들기 위해 실천했던 내용이다. 의식적으로 잘하기 위해 사용했던 가장 대표적인 방법이 고무밴드 활용이다. 고무밴드를 왼손 손목에 차고 있다가, 불평하는 순간 '아차!' 하면서 오른손 손목으로 옮긴다. 이렇게 불평을 행동으로 의식하면서 성찰의 시간을 갖는다. 이제는 이를 반복하면 불평 대신 감사와 좋은 이유를 생각하게 되었다. 거의 습관이 되어 긍정 태도가 많이 좋아졌다. 나답게 지내고 있다는 자부심을 갖게 된다.

표35 **습관화 발전 단계 예시**

	의식하지 못함	의식함
잘함 (輒)	4단계 · 나다움 인식 · 순간 감사 느끼기	3단계 · Stop-Think　· 성찰하기 · 좋은 이유 찾기 · 감사일기 쓰기
잘 못함 (不輒)	1단계 · 불평하고 있다는 것을 의식 못 함	2단계 · 불평할 때 바로 알아차리기 · 고무 밴드 다른 손목으로 옮기기

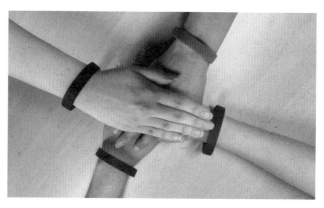

그림18 Complaint Free World(불평 없는 세상 만들기) 밴드

습관 점검하기

습관을 만들고자 할 때는 현재 상태를 살펴보는 것이 좋다. 다음과 같이 2가지로 나누어 습관 행동을 점검해 볼 수 있다.

표36 습관 행동 목표 찾기 예시

	의식적으로 하고자 하는 행동	의식적으로 피하고 있는 행동
현재 잘하고 있음	· 스터디 윗미로 공부(일 3시간 이상) · 도서관에서 책 대출(매월 1주차) · 독서노트(주 1권) · 봉사활동(월 1회 이상) · 감사일기 쓰기(매일 3개 이상)	· 흡연 · 불평, 불만 안 하기(긍정 태도) · 사소한 것에 목숨 걸기(논쟁 피하기)
아직 꾸준 하지 못함	· 포트폴리오용 자료 모으기 · 취업 관련 정보수집 · 스쿼트/걷기 운동 · 정리정돈 · 글쓰기(SNS)	· 음주 · 유튜브 시청 · 게임

현재 잘하는 것에 대해서는 스스로 자부심을 키워갈 수 있다. 또 적당한 자기보상을 해주는 것도 좋다. 새로운 습관을 만들려면 전략이 필요하다. 작심삼일이란 말이 있듯이 참가자가 새로운 습관 행동을 시도해도 의도한 만큼 습관을 바꾸기란 쉽지 않다. 이런 부분도 코칭 이슈로 다룰 수 있다. 참가자가 원하는 행동을 습관으로 만들기까지에는 단계가 있다.

습관 만들기를 위한 시각화와 멘탈 관리

비전설계를 한 후에 실천행동을 만들지 않으면 열매를 얻을 수 없다. 실행력과 집중력이 좋은 사람은 유리하겠지만, 꾸준한 습관으로 만드는 것이 무엇보다 중요하다. 그러기 위해서는 몇 가지 전략이 필요하다. 습관 전문가의 조언을 들어보자.

《아주 작은 습관의 힘》이라는 책을 낸, 전 세계적으로 유명한 습관 전문가 제임스 클리어는 작은 습관의 반복을 강조했다. "매일 1%씩 조금만 변화하면 이 1%가 1년간 지속할 때 복리로 불어나 최종적으로 37배 더 나아진 자신을 발견할 수 있을 것이다."라고 말했다.

클리어는 "어떻게 하면 좋은 습관을 기를 수 있을까?"에 대한 답으로 몇 가지 가이드 라인을 제시했다. 행동의 변화를 위해 3가지 단계, 즉 정체성-과정-결과를 거치라고 말한다. 삶에 대한 믿음, 즉 정체성의 변화를 통해서 습관을 실천하는 과정으로 옮겨갈 수 있고, 행동의 반복을 통해서 습관이라는 결과로 이어진다는 것이다. 하지만 엄밀히 말하면 결국 습관이 정체성을 만들어 나간다.

앞에서 우리의 정체성을 기술해 보았는데 습관화 단계에서 다시 돌아보자.

예를 들면, 매일 일어나자마자 침구 정리부터 하루를 시작하게 되면 '미래를 대비하는 사람'이라는 정체성을 만들게 된다. 매일 운동하면 '건강한 삶을 추구하는 사람'이라는 정체성을 형성하게 된다. 이렇듯 습관이 곧 그 사람이란 것을 느끼게 될 것이다. 작은 습관이 내가 어떤 사람이라는 것을 보여준다는 사실을 받아들이자. 이제 습관을 만들어나가는 방법을 더 알아보자.

클리어는 신호, 열망, 반응, 보상이라는 4가지 습관 모델과 이를 발전시킨 4가지 행동 법칙을 통해서 습관 형성 방법을 설명한다. 그 방법은 절대 어렵지가 않다.

① 분명해야 달라진다: 시각적 자극이 단서가 되도록 하면 좋다.
② 매력적이어야 달라진다: 이루어진 미래를 상상해 보자.
③ 쉬워야 달라진다: 목표 행동을 잘게 나누어 데드라인을 정하여 한 단계씩 밟아나간다.
④ 만족스러워야 달라진다: 때로는 주변 사람의 도움을 얻도록 한다.

부수적으로 실행수준을 높이기 위해 멘토나 롤모델의 도움을 얻는 것도 방법이다.

시각화 작업
암시물
시각적, 청각적으로 자극을 주는 암시물을 주변 가까이에 두면 좋다.

그림19 시각화 암시물

　다음의 자아 선언문, 자기 암시문, 비전 보드, 성공 구호 등을 글로 써놓고 매일 읽어 보자. 자기최면을 걸듯이 입으로 소리 내어 확언하면, 뇌가 청각적으로 인지하면서 더욱 강력한 힘을 발휘한다.

자아 선언문

① 나는 내가 생각하고 믿는 것은 이룰 수 있다고 확신하는 사람이다. (확신)

② 나는 내 주위에 나를 돕는 사람이 있음을 잊지 않는 사람이다. (도움)

③ 나는 다른 사람을 도울 수 있고, 또 도움을 청할 수도 있는 사람이다. (도움)

④ 나는 어려움 속에서도 무언가를 배울 수 있는 사람이다. (배움/학습)

⑤ 나는 세상에 단 하나밖에 없는 소중하고 귀한 사람이다. (존중)

⑥ 나는 하루하루를 감사하는 마음으로 살아가는 사람이다.
(감사)

⑦ 나는 어떤 상황에서도 최선의 선택을 할 수 있는 자유로운
사람이다. (자유)

⑧ 나는 모험과 도전을 통해 새로운 세상을 배우는 용기 있는
사람이다. (용기)

자기 암시문

"나는 내가 정말 좋다. 나는 잘할 수 있다!"

"나는 점점 나아지고 있다. 나는 매일 발전하고 있다."

"나는 나를 사랑한다."

"내가 답이다. 나답게 살자!"

"어차피 할 바에는 잘하자."

"남과 비교하지 말고 어제의 나와 비교하자."

"생각한 대로 이루어진다."

"기회는 온다. 모든 것은 마음먹기 달렸다."

"할까 말까 할 때는 하자. 처음부터 잘하는 사람은 없다."

"떨림을 설렘으로 만들자."

"할 수 있다고 생각하면 할 수 있고, 할 수 없다고 생각하면 할 수
없다."

"나는 내 안에 보석을 꺼내 쓰는 사람이다."

"He can do. She can do. Why not me?"

"I can do it. I'm possible."

"All is well."

"No pain, No gain."

자아 선언문	자기 암시문
나는 늘 배우는 사람이다. 나는 강점이 많은 사람이다. 나는 나를 믿는 사람이다.	I Love Myself! I am Possible! No Pain, No Gain.

그림20 **자아 선언문과 자기 암시문 시각화**

비전 보드

미래 비전의 이미지를 담은 그림이나 사진, 성공 구호 등을 붙여 놓는다.

그림21 **비전 보드 예시**

성공 구호

"내 인생은 내가 설계하고 내가 주도한다!"

"나는 기필코 성공한다. 왜냐면 될 때까지 하기 때문이다!"

정체성과 습관 행동 점검

실행단계에서 의도한 대로 잘 안 될 수도 있다. 이럴 때 자신을 돌아볼 수 있는 장치가 있다면, 꾸준함을 유지하는 데 도움이 된다. 앞에서 언급했듯이 습관이 곧 나 자신이라고 말할 수 있다. '되고 싶은 나'에 비추어 자신의 현재 습관을 점검하는 데 도움 되는 질문을 해보는 것도 좋다.

"이 습관 행동이 내가 '되고 싶은 사람'이 되는 데 어떤 면에서 도움이 되나?"

"현재의 습관 행동을 바꾼다면 어떻게 변화(제거하기/줄이기/늘리기/새롭게 하기)를 만들면 좋을까?"

표37 **습관 점검과 변화 방향 예시**

No	습관화된 나의 행동	정체성 (되고 싶은 나) 대비 점수 (1~10점)	변화 방향 (제거하기/줄이기/ 늘리기/새롭게 하기)
1	전공 공부	10	스터디 동아리 활동 늘리기
2	자격증 대비 스터디	9	공부 시간 늘리기
3	컴퓨터 게임	2 → 6	하루 30분으로 시간 줄이기
4	아르바이트	3 → 9	미래 직무와 연결된 아르바이트로 바꾸기
5	취미 동아리 활동	5 → 7	에너지 충전 이외에 체계적으로 활동하여 전문성 키우기

표38 **습관 만들기 프로젝트**

비전:	장기목표:	단기목표:	실행과제

□
□
□

1일차 (월 일)	2일차	3일차	4일차	5일차	6일차 (자기보상)
7일차	8일차	9일차	10일차	11일차	12일차
13일차	14일차	15일차	16일차	17일차	18일차 (자기보상)
19일차	20일차	21일차	22일차	23일차	24일차
25일차	26일차	27일차	28일차	29일차	30일차 (자기보상)

직업탐색과 비전

1. 직업가치관과 직업선택

직업탐색
해당 직업이 다루는 주 기능과 부 기능을 비교
하는 매트릭스를 활용하여 본인의 선호와 비교

직업가치관
어디에 속할 것인가?
성과를 내면서 기여할 수 있는 곳
일이 재미있고 열정이 생기는 곳
만족하면서 오래 일할 수 있는 곳
자신의 가치관과 잘 맞는 곳

어떤 조건이 중요한가?
기업문화, 성장가능성, 연봉,
고용안정성, 복리후생, 투명경영 등

직무탐색과 흥미
일 처리 방식을 파악하면 선호 직무 영역을
파악하기 쉬움. 오랫동안 만족한 상태로
일하기 위해서는 일 처리방식
(흥미 요소와 유사)을 감안하는 것이 중요

2. 비전설정과 실행계획

직업적 **비전(V)**과 **미션(M)**, 단기적 **목표(O)**와
핵심가치(V) 질문 세트 → **VMOV** 활용

어떤 직업인이 되고 싶나?
그것은 자기 삶에 어떤 의미인가?
그 직업은 누구에게 어떤 도움을 주나?
그 직업인이 되기 위해 1년 이내의
목표는 무엇인가?
목표를 이루고, 꾸준한 실행력 유지를 위한
핵심가치는 무엇인가?

3. 직업분석과 직무분석

희망 직업 분석
채용 시장, 장래성, 집안 DNA,
직업이 요구하는 자격 요건.

선호 직무 특성 분석
직무 주 특성(사람, 물건이나 도구,
아이디어, 데이터)과 자신의 흥미 속성 비교

4. 실행계획

목표 행동 세팅
비전과 미션에 따라 단계적인 실행목표를
구체화하고, SMART 문장으로 기술

실행촉진
변화에 반응하는 유형인
준수형, 의문형, 강제형, 저항형 파악

목표 행동 습관화 전략
습관화 발전 단계 활용(의식과 반복),
시각화 작업(암시물, 자기 선언문,
자기 암시문, 비전 보드, 성공 구호)

Fishbone Mind Map

PART Ⅳ

코칭 대화 스킬과 대화 모델

Chapter 9 경청 스킬

다음 질문에 답을 하는 것으로 이번 챕터를 시작해 보자.

질문 고민거리가 있을 때 나는 주로 어떤 유형의 사람과 문제를
상의해 왔나?

> 대답
>
>
>
>
>
>

워크숍을 통해 의견을 모아본 결과, 대체로 다음과 같은 사람들
이었다.

- 잘 들어주는 사람
- 힘이 되어주는 사람
- 격려, 지지, 인정을 해주는 사람
- 비밀을 지켜주는 사람(입이 무거운 사람)
- 충고하더라도 넌지시 하는 사람(강요하지 않는 사람)
- 판단하거나 비판하지 않는 사람
- 진정 나를 위해서 기분 나쁘지 않게 말을 해주는 사람

위와 같은 내용에 동의한다면, 자신은 위 성향을 어느 정도 갖춘 사람일까? 향후 한 달 안에 몇 점까지 올리면 좋을까? 목표를 세워보자. 점수는 10점 만점을 기준으로 표시한다.

표39 자기진단과 목표 설정

	나는 어떤 사람인가?	현재 점수	목표 점수
1	잘 들어주는 사람		
2	힘이 되어주는 사람		
3	격려, 지지, 인정을 주는 사람		
4	비밀을 지켜주는 사람		
5	충고하더라도 넌지시 하는 사람		
6	판단하거나 비판하지 않는 사람		
7	진정 참가자를 위해서 기분 나쁘지 않게 말을 해주는 사람		

이런 사람이 사용하는 스킬을 '코칭 스킬'이라고 할 수 있다. 이제 경청 스킬, 질문 스킬, 인포밍과 피드백 스킬 등으로 좀 더 세분화하여 학습해 보자.

경청의 핵심

코칭은 코치가 답을 주는 것이 아니라, 참가자 스스로 답을 찾아가는 여정을 도와주는 수평적 대화 과정이다. 코칭에서는 참가자의 생각이나 욕구를 파악하는 것이 중요하므로 경청도 매우 중요하다. 이제 효과적인 경청 스킬에 대해 알아본다.

들리는 말을 잘 듣는 것은 히어링(Hearing)이지만, 잘 알아들으려 애쓰는 것은 리스닝(Listening)이다. 그래서 경청을 잘 하는 사람을 굿 리스너(Good Listener)라고 한다.

《대학》이라는 유학고전에 청이불문(聽而不聞)이라는 말이 있다. 들어도 못 듣는다는 말이다. 효과적인 코치라면 참가자가 말하지 않은 것까지 들을 줄 알아야 한다. 난도가 있겠지만 훨씬 파워풀한 코칭적 대화를 할 수 있기에 배워두면 좋겠다.

경청의 의미

경청(傾聽): 경(傾)이라는 단어의 뜻은 기울인다는 말이다. 몸을 기울여 듣는 것이니 코치가 이런 태도만 보여주어도 참가자는 자신이 존중받는다는 느낌을 받는다. 하지만 경청은 귀로만 하는 것이 아니라 입으로 완성되는 것이기에 한 단계 더 나아가자.

경청(敬聽): 존중하는 마음으로 집중해서 듣는다는 말이다. '경(敬)'이라는 말에는 존중한다, 고맙다, 집중한다 등 여러 가지 의미가 있다. 존경, 경건에도 쓰인다.

흔히 코칭에서 '코칭 프레즌스(Presence)'라는 말을 자주 사용한다. 우리말로 '현존하다' 혹은 '함께하기'라는 말로 번역해서 사용하지만, 이해하기 쉽지 않으니 코칭 프레즌스의 가장 적절한 표현은 경청(敬聽)이라고 생각해도 좋겠다. '경'은 '한 가지 일을 하면서 마음을 둘로 나누지 않는다.' 또는 '이리저리 옮겨 다니지 않는다.'라는 '주일무적(主一無敵)'의 의미가 있다. 쉽게 말하면 수학 시간에 오로지 수학책을 볼 뿐, 영어책을 펴는 것이 아니란 말이다. 그런 행동은 존중도 아니요, 고마운 것도 아니요, 집중하는 것도 아니기 때문이다.

경청은 귀로 하는 것일까? 마음으로 하는 것일까? 들리는 말소리에만 반응하는 것은 귀로 듣는 것이다. 다시 말하지만, 잘 들린다는 의미는 영어로 'Hear'다. 잘 들으려고 노력을 기울이는 것은 'Listen'이다.

경청은 입으로 완성된다. 내가 알아들었다고 확인시켜주는 것이 소통의 기본이다. 코칭이나 상담 모두 문제상황의 대화이기 때문에 더더욱 잘 들어주어야 한다. 참가자가 비용을 지불한다고 생각하면 프로 직업인답게, 아니 전문가답게 더더욱 잘 들을 필요가 있다.

《대학》에 '보아도 못 보고 들어도 못 듣는다.'라는 의미의 '시이불견 청이불문(視而不見 聽而不聞)'이라는 말이 있다. 마음에 없으면 그렇게 된다는 말이다. 그러니까 시청하지 말고, 견문하라는 말이다. 시청은 보이는 대로 보고, 들리는 대로만 듣는 것을 말한다. 즉 수동적인 모습이다.

맹자는 외물에 접한 눈이나 귀만 사용하면 사실이 왜곡될 수 있다고 했다. 그 대신 마음으로 보고 들으라는 말을 한다. 모름지기

대인(大人)이라면 보이지 않는 것까지 보고 말하지 않은 것까지 들을 줄 알아야 한다. 이제 그 방법을 소개하겠다.

경청의 4단계

무엇을 들을 것인가?

내용 듣기: 상대방이 말한 키워드와 내용의 핵심을 잘 요약하여 어떻게 들었는지 알아주는 것.

기분 듣기: 상대방의 느낌이나 감정을 거울에 비춰주듯이 그 기분을 알아주는 것.

의도 듣기: 상대방이 표현하지는 않았으나 속에 담긴 욕구나 선한 의도를 알아주는 것.

존재 듣기: 그 사람의 말 속에 담긴 성품, 미덕, 강점, 가치관을 알아주는 것.

　코칭 대화의 특징은 사람을 살리는 데 있다. 말에 생명력을 넣는 것이다. 즉 코치가 하는 말이 참가자를 살아나가게 하는 데에 의의가 있다. 코치의 말은 힘이 되어야 한다. 참가자에게 에너지를 북돋아주는 말로 인식되는 것이 중요하다. 코칭 대화를 하면 참가자의 마음이 열리고 정신이 깨어나고 의식이 더 확장된다. 자기다운 답을 찾아내는 '생각하는 힘'이 커지기 때문이다.

어떻게 효과적으로 잘 들을 것인가?

내용 듣기: 상대의 말 속에 담긴 키워드가 무엇인지 듣자. 참가자가 사용한 단어를 코치도 똑같이 사용하면 동질감을 느끼기 쉽다. 참가자가 '스펙'이라는 단어를 사용했다면 "지금 '스펙'만으로 취업이 가능한지 그것이 궁금하다는 말씀이군요."라고 같은 키워드를 사용한다.

간혹 참가자가 너무 길게 말을 이어가면 중심 잡기가 어려울 수 있다. 이때 코치한테는 '질문'이라는 강력한 도구가 있다. 질문을 활용하면 쉽게 풀릴 수 있다. 예를 들어 참가자가 말을 길게 하여 요약하기가 어렵다면 "지금 상황을 자세하게 이야기해 주셔서 감사합니다. 코칭에 참여하는 진실한 마음도 느껴집니다. 지금 하신 말씀을 한 문장으로 표현해 주실 수 있으신가요? "라고 해보자.

기분 듣기: 핵심감정 단어를 표현하자. 여러 관점에서 생각하면 그만큼 다양한 감정 단어를 찾을 수 있다.

예를 들어 참가자가 "시간이 별로 없는데, 무엇부터 준비해야 할지 모르겠어요."라고 말한다면 코치는 참가자가 어떤 기분일지 그 마음을 헤아려야 한다.

①시간이 별로 없어서 초조할 것이며 ②무엇부터 해야 할지 몰라서 당황스러울 것이며 ③그런 자신이 불안하게 느껴지기도 할 것이라고 유추할 수 있다. 따라서 단정적으로 표현하기보다 "시간이 없어서 초조하신가 봐요?"처럼 거울에 비춰주듯이 그 마음

을 질문으로 읽어주면 좋다.

의도 듣기: 사람들에겐 누구나 선한 의도가 있다. 잘하고 싶고, 잘 해내고 싶은 마음이 있다. 코칭 이슈 또한 잘 해내고 싶은 마음에서 비롯된 것이다. "면접에 벌써 세 번이나 떨어졌어요."라고 한다면, '기분 듣기' 즉 공감하면서 그 사람의 의도를 짚어주면 효과적이다. "어떻게 해서라도 다음에는 준비 잘 해서, 꼭 합격하고 싶은 마음이 느껴지네요."라고 의도를 읽어내자. "예, 맞아요."라는 긍정적인 대답을 들을 수 있다.

또 다른 예를 보자. 참가자가 "부모님이 시대가 바뀐 것을 고려하지 않아요. 제 생각은 아예 들으려고 하지도 않고, 기계처럼 움직이는 대기업에 취업하라고 강요합니다."라고 한다면 "부모님 의견을 존중하면서, 자신이 원하는 진로를 부모님께 이해시키고 싶은 마음이 있나 봐요?"로 물을 수 있다. 참가자가 표현하지 않은 말도 긍정 의도로 표현하면 대부분 수긍하는 편이며, 더 높은 차원의 목표를 세우는 계기를 만들 수 있다.

존재 듣기: 대부분 사람은 인정받고자 한다. 특히 나의 성품에 대해 알아주면 그렇게 고마울 수 없다. 위의 사례 같은 경우라면 그 사람이 어떤 존재인지 말한다. "자기 삶을 소중하게 생각하는 분이네요." 혹은 "자유라는 가치를 소중하게 생각하는 분으로 느껴지네요." 혹은 "자기 주관이 뚜렷한 만큼 자기 미래에 대해서도 생각이 많은 분이네요."와 같이 표현할 수 있다. 이런 지지적 반

응을 듣는다면, 문제와 불만을 표현했음에도 불구하고 자신이 인정받았다는 느낌이 크게 들 것이다.

신뢰와 안전감을 조성한다

Cultivates Trust and Safety

정의 고객과 함께, 고객이 자유롭게 나눌 수 있는 안전하고 지지적인 환경을 만든다. 상호 존중과 신뢰관계를 유지한다. – 핵심역량 4

Definition Partners with the client to create a safe, supportive environment that allows the client to share freely. Maintains a relationship of mutual respect and trust.

적극적으로 경청한다

Listens Actively

정의 고객의 시스템 맥락에서 전달하는 것을 충분히 이해하고, 고객의 자기표현(Self-Expression)을 돕기 위하여 고객이 말한 것과 말하지 않은 것에 초점을 맞춘다. – 핵심역량 6

Definition Focuses on what the client is and is not saying to fully understand what is being communicated in the context of the client systems and to support client self-expression.

경청의 우선순위와 주의할 점

불교에서는 '여시아문(如是我聞)' 즉, '이와 같이 내가 들었다'라는 표현을 사용한다. 마찬가지로 우리가 하는 경청 또한 "나는 이렇게 들었어요."라는 반응을 보이는 것이 필요하다. 이제부터 듣기는 들었지만, 상대의 말을 더 잘 듣기 위한 '질문'으로 경청 반응을 하자.

어떤 것을 먼저 들을 것인가?

사실(이슈)보다는 사람(존재, Being)

친구가 얼굴을 찌푸리며 배를 움켜쥔 채 "배가 아파!"라고 한다. 이런 경우 "뭘 먹었는데?" "언제부터 그래?"라며 사실에만 초점을 맞춰 반응하기 쉽다. 하지만 "얼굴을 보니 정말 많이 아픈 거 같구나." 혹은 "평소 참을성이 많은데, 많이 힘든가 보구나."라며 사람 혹은 감정에 먼저 반응해 주는 게 좋다.

코칭 상황에서도 이렇게 반응하는 것이 더욱 효과적이다. 코칭에서 참가자가 이슈를 제기할 때에는 주로 문제로 표현한다. 즉 "~이 고민이에요, 힘드네요, 답답하네요, 어떻게 해야 할지 모르겠어요."처럼 이야기한다. 불편한 마음으로 이야기를 시작하는 경우가 대부분이다. 코칭 대화는 이슈 자체보다는 사람에 집중한다. 참가자는 솔루션을 듣고자 하지만, 답을 몰라서가 아닌 경우가 많다. 실행에 대한 책임을 참가자 스스로 갖게 하려면 스스로 답을 찾는 과정을 거치는 것이 바람직하다. 좋은 질문은 좋은 답을 찾아내기 마련이다. 따라서 좋은 답을 찾으려 서두르기보다는 좋은 질문을 하는 것이 코치다운 접근법이다.

예시

"부모님이 시대가 바뀐 것을 고려하지 않아요. 제 생각은 아예 들으려고 하지도 않고, 기계처럼 움직이는 대기업에 취업하라고 강요합니다."

일반 대화: 부모님이 왜 그랬을까요? (이슈에 집중)

코칭 대화: 부모님과 다른 관점에서 생각해 온 것이 있나 봐요. 그게 무엇인지 저도 궁금한데요? (사람에 집중)

문제보다는 욕구/바람/기대/기회

일반 대화: 그렇게 반응하시는 원인이 뭘까요? 전에도 그러셨나요? 설득이 잘 안 되는 분이신가요? (문제에 집중)

코칭 대화1: 고민이 많겠습니다. 부모님을 안심시키면서 자신이 원하는 진로를 택하고 싶은 마음 같군요. 정말 원하는 게 어떤 건가요? (욕구에 집중)

코칭 대화2: 이 문제를 잘 다루는 게 참가자님에게 어떤 도움이나 기회가 될까요? (기회에 집중)

How(솔루션)보다는 Who(사람)

"제가 여태 10가지 방법도 넘게 시도한 것 같아요. 그렇게 했는데도 안되네요."

일반 대화: 그렇다면 어떤 해결방안이 있을까요? 혹시 _____을(를) 해보셨나요? (솔루션에 집중)

코칭 대화: 여러 관점으로 시도했군요. 생각이 넓으면서도 깊은 분이라는 생각이 들어요. 진정으로 자기 자신을 사랑하는 분입니다. (사람에 집중)

과거보다는 미래

"부모님 간섭이 너무 심한 것 같아요. 저도 이제 성인인데, 제 의견은 잘 들으려 하지 않거든요."

일반 대화: 부모님과 소통이 잘 안 되는 이유가 뭘까요? 중고등학생 때는 어땠나요? (지난 과거에 집중)

코칭 대화1: 말을 들어주지 않으니 얼마나 답답하겠어요. 그래서 앞으로 어떻게 되기를 바라나요? (미래에 집중)

코칭 대화2: 만일 부모님이 무조건 참가자님의 의견을 수용한다면 기분이 어떨까요? (미래, 긍정 감정에 집중)

경청에서 피해야 할 것 - 판단이나 평가하지 않기

"부모님 간섭이 너무 심한 것 같아요. 저도 이제 성인인데, 제 의견은 잘 들으려 하지 않거든요."

일반 대화: 어느 집이나 비슷한 것 같아요. 그런 거로 마음 상해 할 필요가 있을까요? (평가적 인지- 부모님과 참가자에 대한 이중 평가)

코칭 대화: 부모님이 참가자님에 대한 애정과 거는 기대가 아주 큰가 봅니다. 하지만 자율적으로 해내고 싶은 참가자님 마음도 느껴집니다. (비 평가적 인지)

경청 연습

연습1

위에서 말한 4가지 듣기 연습을 작성해 보자.

"부모님이 컴퓨터와 관련한 전공이 나중에 취업하기 쉽다고 하여 소프트웨어 개발학과로 진학했어요. 하지만 공부에 흥미가 생기지 않고, 어렵기도 해서 학점도 안 좋았어요. 적성에 안 맞는 것 같아 1학년을 마치고 군대를 다녀왔습니다. 복학해서 한 한기 전공 공부를 해보니 역시 저랑 맞지 않는 것 같아 고민입니다."

내용 듣기:

기분 듣기:

의도 듣기:

존재 듣기:

연습1 듣기 작성 예시

내용 듣기: 지금 전공이 본인의 적성과 잘 맞지 않는다는 말이군요.

기분 듣기: 앞으로 나아갈 방향에 대해 혼란스럽기도 하고, 전공 과목에 의욕이 떨어지기도 하고, 진학을 결정한 일에 대해서도 후회하는 마음도 있겠어요.

의도 듣기: 2학년이니 지금이라도 최선의 결정을 해서 후회 없는 미래를 제대로 준비하고 싶은 것 아닌가요?

존재 듣기: 자기 자신을 사랑하는 사람이네요. 자기성찰을 잘하는 사람이라는 인상이 들어 앞으로가 기대됩니다.

이렇게 들어주고 나서, 코치가 들어준 것에 대해 어떤 생각이 들었는지 물어보자.

대개 ①잘 들어주서서 고맙다는 말과 함께 ②자기 마음을 알아준 것에 대해 공감을 형성하고 ③의도를 알아주니 방향성이 명확해지며 ④존재를 알아주니 힘이 생기고, 뭔가 잘될 것 같은 기대가 생긴다는 반응을 보인다.

연습2

무엇을 먼저 들을 것인지 질문의 형태로 반응 연습을 해보자.

"(심각한 표정으로) 아무래도 전공이 마음에 들지 않아 학교를 자퇴할까 봐요."

이럴 경우 아래처럼 이슈 중심의 질문을 할 수 있다.

"그럼, 자퇴하고 무얼 할 건가요?"

다음 항목으로 경청 대화를 작성해 보자.

이슈(해결책)보다 사람(존재) 듣기:

문제보다 기회 듣기:

과거보다 미래 듣기:

비 평가적 인지:

연습2 듣기 작성 예시

이슈(해결책)보다 사람(존재) 듣기: 그동안 자기 자신에 대해 진지하게 많은 생각을 했나 보네요.

문제보다 기회 듣기: 자퇴하면 어떤 기회가 만들어질까요? 자퇴하고 나면 무엇이 더 좋아질까요?

과거보다 미래 듣기: 원하는 대로 했을 때, 어떤 미래가 펼쳐질까요? 어떤 미래를 기대하나요?

비 평가적 인지: 만일 자퇴하지 않는다면 어떤 일이 벌어질까요?

이렇게 들어주기를 연습하고 나서 "질문이 어땠나요?" 하고 반응을 살펴보면 "생각하게 만드는 힘이 느껴져요."라고 한다.

Chapter 10 질문 스킬

질문의 효과

삶은 문제해결의 연속이다. 문제해결을 잘하려면 답을 찾으려 하기보다 좋은 질문을 먼저 찾는 것이 더 효과적이다. 특히 코칭에서는 필수다. 답을 찾으려 한다는 것은 '사람'이 아닌 '이슈'에 초점을 두는 것이요, '존재에 관한 관심'보다 '해결책'을 앞세우는 것이다. 코칭은 사람의 무한한 가능성을 믿으며, 그 사람 안에 있는 답을 찾아내는 과정이다. 스스로 답을 찾을 때 실행에 대한 책임도 본인이 갖게 되므로 추진력도 향상된다.

도로시 리즈의 《질문의 7가지 힘》이란 책을 보자. 이 책에서는 질문에 대한 효과를 다음과 같이 설명한다.

① 질문을 하면 답이 나온다.

② 질문은 생각을 자극한다.

③ 질문하면 정보를 얻는다.

④ 질문하면 통제가 된다.

⑤ 질문은 마음을 열게 한다.

⑥ 질문은 귀를 기울이게 한다.

⑦ 질문에 답하면 스스로 이해가 된다.

'코칭의 꽃은 질문'이라 한다. 그만큼 코칭에서 질문이 차지하는 비중이 크다. 좋은 질문이란 어떤 질문이며 어떻게 하면 좋은 질문을 잘 할 수 있을까?

사례21 **좋은 질문의 예시**

마음을 열게 하거나 생각을 자극하는 질문이 훌륭한 질문이다. 그런 질문은 '열린 질문'이다. 코칭을 시작할 때, 마음을 여는 질문을 먼저 하는 것이 효과적이다.

처음부터 부담되는 질문: 진로를 결정하는 데 뭐가 중요하나요?

대답하기 쉬운 질문: 여기 찾아오는 데 어려움은 없었나요?

이슈 중심의 질문: 취업 관련하여 고민이 뭐에요?

마음을 여는 질문: 그동안 고민이 많았겠어요. 오늘 그런 고민이 해결된다면 기분이 어떨까요?

닫힌 질문: 취업하고 싶은 회사를 정했나요?

열린 질문: 어떤 회사에 취업하고 싶나요?

이제 질문스킬 가운데 중요한 2가지인 '에너지를 높이는 질문'과 '관점을 전환하는 질문'에 대해 이어가자.

알아차림을 불러일으킨다

Evokes Awareness

정의 강력한 질문, 침묵, 은유(Metaphor) 또는 비유(Analogy)와 같은 도구와 기술을 사용하여 고객의 통찰과 학습을 촉진한다. – 핵심역량 7

Definition Facilitates client insight and learning by using tools and techniques such as powerful questioning, silence, metaphor or analogy.

고객의 사고방식, 가치관, 욕구 및 원하는 것, 그리고 신념 등 고객에 대하여 질문한다. – 핵심역량 7의 3

Asks questions about the client, such as their way of thinking, values, needs, wants and beliefs.

고객이 현재의 생각을 뛰어넘어 탐색하도록 도움이 되는 질문을 한다. – 핵심역량 7의 4

Asks questions that help the client explore beyond current thinking.

관점을 재구성(Reframing)할 수 있도록 고객을 지원한다. – 핵심역량 7의 10

Supports the client in reframing perspectives.

에너지를 높이는 질문

커리어 코칭의 경우 직업 세계를 전혀 경험하지 않은 학생에게 이것저것 묻기만 한다면 참가자가 당황할 수도 있다. 대학생을 대상으로 한 커리어 코칭을 마친 후배 코치들이 가끔 이런 고충을 토로한다. "질문해도 대답을 잘 안 한다.", "자신에 대한 생각을 전혀 안 해본 것 같다.", "생각하는 시간이 오래 걸린다.", "준비가 덜 되어 있는 것 같다." 등.

  코칭이 잘 안 풀렸다면 그 책임은 일단 코치에게 책임이 있다. 에너지(기운, 동기)가 높아지면 마음이 열리고, 생각이 열리고, 응답을 잘하게 된다. 에너지를 높이는 질문에 대해 알아보자.

사례22 에너지를 높이는 코칭 대화

참가자 부모님이 컴퓨터와 관련한 전공이 나중에 취업하기 쉽다고 하여 소프트웨어 개발학과로 진학했어요. 하지만 공부에 흥미가 생기지 않고, 어렵기도 해서 학점도 안 좋았어요. 적성에 안 맞는 것 같아 1학년을 마치고 군대를 다녀왔습니다. 복학해서 한 한기 전공 공부를 해보니 역시 저랑 맞지 않는 것 같아 고민입니다.

코치 전공이 맞지 않아 고민인데, 이번 코칭을 통해 좋은 진로 방향을 찾고 싶은 심정인가 보네요? (의도 듣기를 질문으로 바꾸어 표현)

참가자 예 맞아요! (의도 듣기 질문의 핵심은, 참가자가 '문제'로 표현한 것을 코치가 '기회'로 표현하여 질문으로 바꾸는 데 있음)

코치 코칭을 통해 원하는 진로 방향을 찾는다면 기분이 어떨까요? (이렇게 물어보면 상상하게 되어 에너지가 확 올라감)

우리의 뇌는 현실과 상상을 구분하지 못하기 때문에 상상만으로도 기분이 좋아지게 된다. 이 질문의 또 다른 특징은 과거 대신 미래를 탐색하는 질문이다. 일반 대화나 상담은 과거의 원인이나 사건에 시간을 많이 보내지만 코칭은 미래에 집중한다. 과거에 대해 질문을 한다면, 그 사람의 자원을 찾기 위함이다.

코치 지금 이과 전공이 본인과 잘 맞지 않는다고 했어요. 그런데도 이과 전공에 입학할 정도로 좋은 성적을 어떻게 받았는지 그 비결은 무엇일까요? (자기 안에 있는 강점을 발견하도록 도움)

에너지를 높이기 위한 질문의 핵심은 다음과 같다.
① 문제 질문이 아닌 의도 질문, 기회 질문
"어떻게 되길 바랐나요?", "어떤 기회가 될 수 있을까요?"
② 과거 질문이 아닌 미래 질문, 상상 질문, 기적 질문
　"~이 이루어진다면?", "~을 상상해 본다면?"
　"~이 기적적으로 해결된다면?"

인식을 전환하는 질문

목숨을 지키기 위해 긴급하고도 불가피한 수술을 해야 한다고 가정해 보자. 그런데 수술 사망률이 20%라고 한다. 절망감이 엄습한다. 그때 "잘 생각해 봐! 수술 후 생존율이 80%라면 그렇게 나쁘지 않은 거 아냐?"라고 묻는다면 절망에서 희망으로 생각이 전환될 수 있다. 전자는 손실인 '사망'에 중점을 두기 때문에 생각이 닫히지만, 후자는 이득인 '생존'에 중점을 두기 때문에 사고가 열린다. 마찬가지로 커리어 이슈를 바라볼 때도 이런 관점전환이 효과적일 때가 많다.

코칭 세션 중에 참가자는 편안한 관계에서 만족감을 느낀다. 하지만 뭔가 "아하!" 하는 임팩트를 얻는다면 코칭은 더더욱 효과적이다. 좋은 질문이 좋은 답을 찾도록 돕기 때문에 코치는 맥락에 맞는 좋은 질문을 할 필요가 있다. 참가자가 스스로 인식이 전환되거나 의식이 확장되도록 돕는 질문을 하자. 그런 질문을 강력한 질문(Powerful Question)이라고 한다.

참가자의 인식전환을 돕는 사례를 살펴보자.

사례23 관점전환 코칭 대화

참가자 부모님이 컴퓨터와 관련한 전공이 나중에 취업하기 쉽다고 하여 소프트웨어 개발학과로 진학했어요. 하지만 공부에 흥미가 생기지 않고, 어렵기도 해서 학점도 안 좋았어요. 적성에 안 맞는 것 같아 1학년을 마치고 군대를 다녀왔습니다. 복학해서 한 한기 전공 공부를 해보니 역시 저랑 맞지 않는 것 같아 고민입니다.

상황1

코치 모든 것이 가능하다고 상상해 본다면, 어떻게 되고 싶나요?

참가자 저는 학생들과 어울리면서 그들을 돕는 교사가 되면 좋겠습니다.

상황2

코치 지금 비록 고민스럽긴 하겠지만, 이런 고민이 본인에게 어떤 기회(도움)가 될까요?

참가자 자꾸 생각만 하다가 결정을 미루면 제가 많이 방황할 것 같고, 나중에 크게 후회할 것 같습니다. 방향을 확실히 잡으면 미래를 집중해서 준비하는 데 도움이 되겠습니다.

상황3

코치 이 분야의 최고 전문가가 조언한다면 뭐라고 할 것 같나요?

참가자 혼자서만 고민할 것이 아니라, 전문가를 만나보는 것도 좋겠네요. 또 나와 비슷한 고민을 했던 선배들에게 조언을 구해봐도 좋겠다는 생각이 듭니다.

상황1은 발생한 과거보다는 미래에 초점을 둔 질문이고, 상황2는 문제보다는 기회에 초점을 전환시킨 질문이다. 상황3은 입장이나 관점을 달리한 질문이다. 3가지 질문 모두 음(Minus, 불안 심리)에서 양(Plus, 긍정 심리)으로 생각을 전환한 사례다. 나는 이런 유형의 질문을 음양 질문이라고 부른다.

인식전환을 돕는 질문과 사례

관점을 전환하는 질문은 다소 어려울 수 있다. 참가자의 말 속에서 단서를 활용하면 보다 쉽다. 참가자의 말 속에 담긴 '음'을 '양'으로 바꿔 생각하도록 돕는 음양 질문을 활용해 보자. 예를 들면, 참가자가 없다거나 싫다거나 모른다고 말하는 경우다. 이럴 때는 '있다, 좋다, 안다'로 전환해 주자.

사례24 인식전환 팁을 활용한 코칭 대화
'없다'에서 '있다'로 전환 질문
참가자 저는 재능이나 강점이 없어요.
코치 강점이나 재능이 없다는 걸 알아낸 것은 자기성찰 지능이 높다는 말입니다. 그건 알아차리는 능력이 있다는 말 아닌가요? ('없다'에서 '있다'로 인식전환) 자, 그런 능력이 있으니 없는 것 대신에 자기 안에 있는 것을 더 찾아볼까요? 혹시 친구들이 본인 성격을 어떻다고 말하나요? 혹은 아르바이트하면서 경험했던 것 하나만 얘기해 줄래요? (이렇게 참가자의 스토리를 끌어내어 스토리 안에 담긴 그 사람의 욕구, 가치관, 성격적 강점, 태도 등에 대해 긍정 피드백을 해줄 수 있음)

'싫다'에서 '좋다'로 전환 질문

참가자 저는 제 전공 과목이나 이쪽 분야를 좋아하지 않아서 억지로 공부했어요. 제가 원했던 전공이 아니었거든요. 억지로 공부하는 건 정말 힘들어요.

코치 억지로라도 전공 공부를 계속했던 '좋은 이유'는 뭔가요? ('왜'라는 질문보다 '좋은 이유'를 물어보기)

참가자 딱히 대안이 없었거든요.

코치 계속 대안을 찾지 못한다면 대신에 무엇을 하면 좋을까요? ('대신에'를 연결한 질문)

참가자 이 전공을 계속 공부해서 졸업하고 취직해야겠네요.

코치 그렇다면 억지로 하는 대신에 기분 좋은 마음가짐으로 공부하면 무엇이 달라질까요? ('대신에', '싫다'에서 '좋다'로 전환)

참가자 그렇군요. 싫다고 생각만 했지, 좋아할 이유를 생각해 보지 못했네요.

코치 자, 그러면 이제 대안이 정말 없는 건지, 아니면 돌파구가 있는지 한번 찾아볼까요? (이하 생략)

'모른다'에서 '안다'로 전환 질문

참가자 저는 제가 뭘 좋아하는지 모르겠어요. 저에 대해 아는 것도 별로 없고요.

코치 지금 알고 있는 게 2개 있네요. 자기가 딱히 싫어하는 게 없다는 것을 아는군요. 또 자기 자신에 대해 모른다는 걸 알고 있네요. 그렇지 않나요?

참가자 (의아해하며) 그런가요?

코치 그럼 하나 물어볼게요. '안다'의 반대말은 무얼까요?

참가자 '모른다'요.

코치 '모른다'라는 것은 아는 건가요? 모르는 건가요?

참가자 (웃음 지으며) 모른다는 것은 모른다는 것을 아는 것이네요. ('모른다'에서 '안다'로 생각전환)

코치 자신에 대해 이미 잘 알고 있고, 자기성찰하는 힘이 있는 것이 확인되었으니 이제부터 자신에 관해 대화를 나눠볼까요?

(이하 생략)

'안다'에서 '제대로 안다'로 전환 질문

안다고 말하면서 에너지가 떨어진 상태라면 그것은 잘못 알고 있을 가능성이 크다는 신호다.

참가자 저는 성격이 별로 안 좋아요,

코치 그 말을 들으니 솔직한 사람 혹은 겸손한 사람처럼 보이는데

그렇지 않나요? ('안다'라고 잘못 생각한 것을 '제대로 아는 쪽'으로 인식전환)

'안다'에서 '제대로 안다'로 전환 질문

안다고 말하면서 에너지가 떨어진 상태라면 그것은 사실이 아닐 가능성이 크다는 신호다.

참가자 저는 성격이 별로 안 좋아요.

코치 사실인가요? (자기 생각을 마치 사실인 것처럼 생각하는 경향이 많아서 질문함)

참가자 사실인 것 같기도 하고, 아닌 것 같기도 하고 그래요.

코치 만일 주변 사람이 자신에게 성격이 별로 안 좋다고 말한다면, 기분이 어떨까요? (인식전환)

참가자 (웃으며) 좋지는 않겠네요.

코치 성격 중에도 마음에 드는 부분과 마음에 들지 않는 부분이 있지 않을까요?

참가자 그렇겠네요.

코치 마음에 들지 않는 것은 무언가요?

참가자 저는 너무 성격이 급해요.

코치 급해서 좋은 점이 있다면 무얼까요? (좋은 이유)

참가자 음....... 그건 실행이 빠르다는 점이겠네요.

코치 세상 사람 중에 빠른 실행을 원하는 사람이 얼마나 될까요?

참가자 그렇군요. 성격도 생각하기 나름이네요. 실행력이 강점이 된다는 것을 깨달았습니다.

'안다'에서 '제대로 안다'로 전환 질문

참가자 저는 결정 장애인가 봐요. 생각은 많이 하는데 결정을 못 하겠어요. 화장품을 고르거나 점심 메뉴를 고르는 것도 그렇고요.

코치 그렇군요. 지금은 어떤 고민이 있나요?

참가자 취업도 어렵고 취업 준비도 더 해야 하니 휴학을 할까 봐요. 그런데 집안을 생각하면 늦추기가 곤란하고 그러니 생각만 많아지고 결정이 안 되어요.

코치 지금 그렇게 자기가 결정 장애라고 판단하고 결정한 것은 누구인가요? ('안다'라고 생각한 것을 '잘못 알고 있다'로 인식전환)

참가자 (빙그레 웃으며) 제가 저를 그렇게 판단하고 결정했네요.

코치 좋아요. 결정을 못 하는 사람이 아니군요. 결정 장애라는 꼬리표 대신 자신에게 힘을 느낄 수 있는 네이밍을 붙여주면 좋겠는데, 어떻게 바꾸면 좋을까요?

참가자 심사숙고하는 사람, 신중한 사람, 실수하기 싫은 사람이라고 하고 싶어요.

Chapter 11 코칭 전개 스킬과 대화 모델

디브리핑 스킬

효과적인 디브리핑

커리어 코칭에서 디브리핑이란 간단히 말해서 진단 결과지에 나타난 내용을 해석해 주는 것을 뜻한다. 커리어 코칭에서는 자기 탐색을 통한 자신에 대한 이해가 중요하므로 진단 검사를 활용한다. 진단 도구를 활용하면 시간 단축 측면에서도 도움이 된다. 좀 더 과학적으로 접근하기 때문에 효과적이다. 리더십 코칭에서도 리더십 진단이나 성향 진단을 한다. 코치에게는 진단 결과를 디브리핑하는 스킬이 필요하다. 커리어 코치를 꿈꾼다면, 충분한 디브리핑 스킬을 갖추는 것이 바람직하다.

앞에서 말했듯이 코칭은 비(非) 평가적 대화다. 가끔 진단 결과지를 보면 평가적으로 기술해 놓은 것을 볼 수 있다. 이런 부분을 참가자가 긍정적으로 잘 읽도록 도움 주는 것이 디브리핑이다. 코치 스스로 평가나 판단을 해서는 곤란하다.

어느 기업에서 임원 대상 코칭을 했다. 회사에서 이미 실시했던 리더십 진단 결과지를 코치에게 제공해 주었다. 유감스럽게도 참가 임원의 리더십 진단 점수가 형편없이 낮게 나왔다. 하지만 실제로 만나보니 인간성도 좋고, 리더로서 실력도 있어 보였다. 그러니 임원이 되지 않았겠는가! 진단이 만능이 아니라는 말이다. 본인도 그런 결과치에 대해 기분이 상한다면서 신뢰성에 의문을 제기했다. 진단은 진단일 뿐이다. 그러니 판단 언어를 사용하는 진단 도구는 될 수 있으면 배제하는 것이 좋다. 결과지가 판단 언어를 사용하더라도 코치는 그 해석을 최대한 중립적 언어, 존중하는 언어로 전환하여 풀어주어야 한다.

또 다른 경우를 보자. 대기업에서 CEO 후계자를 비공개적으로 뽑아 코칭 프로그램에 참여하도록 배려했다. 후계자의 사전 리더십 진단 결과는 형편없었다. 그를 추천한 본부장과 인사 부서에서는 선발 자체에 의문을 품었다. 하지만 그와 만나 이야기를 나눠보니 매우 유능함은 물론, 자기표현에도 상당히 솔직한 사람이었다. 첫 세션 중 참가자를 관찰하면서 "혹시 자기 자신이나 외적 기준에 대해 엄격한 편 아닌가요?"하고 물었더니 "맞아요."라고 대답했다. 그런 것 때문에 주변 사람이나 상사와 자주 부딪힌다고 했다. 또 스트레스 상황에서 자신은 매우 취약한 존재라고 인식했다. 결과적으로 그는 과감한 목표를 추구하되 문제가 발생하면 그 원인을 자기 안에서 찾았다. 매우 도전적이고 자기계발에 대한 의욕이 강한 사람이었다. 하지만 진단 결과만 보면 리더십에 문제가 많은 사람으로 비칠 수 있다.

많은 기업에서 다면평가 이후 리더십 점수가 낮은 팀장이나 임원을 대상으로 코칭을 제공한다. 이 경우 대상자가 문제인 것은 아니다. 대상 팀장이나 임원이 생각하는 것과 구성원들이 기대하는 모습 사이의 인식이 문제다. 이 인식의 갭만 줄이면 된다. 점수가 낮다고 사람이 부족한 것은 아니다. 성과가 나지 않으니 재촉하다가 구성원의 마음에 상처를 줄 수 있다. 고집스럽게 밀고 나가고 싶었지만, 구성원의 마음을 얻지 못하는 경우가 비일비재하다. 이처럼 코치는 눈에 보이는 것만 보아서는 안 되고, 보이지 않는 선한 의도나 가치관, 욕구 등을 탐색하고 공감해 주는 것이 필요하다.

디브리핑 사전 준비 사항

① 시간 계획 세우기를 한다. 코칭 세션 중에 디브리핑만 하는 것이 아니므로 전반적인 시간 계획을 세울 필요가 있다.

② 참가자가 어떤 사람인지 파악한다. 진단을 코칭 세션 전에 실시하기도 한다. 첫날 만나기 전에 미리 참가자의 성향을 파악한 후 성향을 참작하여 리딩하면 호흡을 훨씬 잘 맞출 수 있다. 체계적인 사람에게는 순서대로 세밀하게, 사교적인 사람에게는 인정과 칭찬을, 통찰력 유형인 참가자에게는 핵심을 간결하게 하는 방식을 사용하자.

③ 참가자의 관심사를 체크한다. 참가자가 알고 싶어 하는 내용, 욕구와 관심사, 목표 등에 비중을 두어 디브리핑을 준비한다.

④ 라포를 형성한다. 항상 에너지가 높아지는 소재로 먼저 이야기를 풀어간다. 진단 결과에서 그런 힌트를 얻기가 쉽다.

⑤ 질문 세트를 준비한다. 예를 들면, 진단을 하면서 어땠나요? 결과지를 읽어보면서 어떤 생각이나 느낌이 들었나요? 이해 안 되거나 더 알고 싶은 것이 있나요? 이 결과를 어떻게 활용하면 커리어를 준비하는 데 도움 될까요? 등.

⑥ 마무리 계획을 세운다. 질문 허용, 요약 정리 요청, 감사 표현 등.

디브리핑 유의사항

진단을 전후로 참가자의 이해를 돕기 위해 다음과 같은 사항에 대해 유의하면 훨씬 도움이 된다.

① 진단검사 시행 전에 응답 방법이나 주의사항에 대해 자세히 설명한다. 예) 검사할 때 '되고 싶은 나 자신'이 아닌 '현재의 나'를 염두에 두고 응답하세요.

② 검사를 마치고 나면 수고한 점을 인정하고 진단 과정을 확인한다. 예) 응답하면서 어려운 점은 없었나요?

③ 참가자가 검사 결과지를 미리 보게 되는 경우, 전반적으로 이해가 되는지 확인한다. 예) 검사 결과가 자신을 잘 설명하고 있는 것 같습니까?

④ 진단 결과지를 읽고 난 소감을 알아본다. 예) 평소 생각하던

자기 모습과 비슷한가요?

⑤ 검사 결과가 절대적인 것이 아니라는 점을 설명한다. 예) 진단 결과와 평소 생각하던 자신 모습에 차이가 있더라도 진단 결과에 큰 의미를 두지 않아도 됩니다.

⑥ 진단 결과는 참고용이며 자신을 완전하게 표현하지 못할 수 있다는 걸 설명한다. 예) 혹시 결과에 대해 동의가 잘 안 되는 부분이 있나요?

⑦ 검사의 목적과 배경을 설명한다.

⑧ 검사 결과 요약을 먼저 설명한 후 세부사항을 언급한다.

⑨ 검사 결과에 대한 해석보다는 읽는 방법 위주로 설명한다. 결과가 나타난 배경에 대해 생각할 수 있는 질문을 하면서 풀어나간다. 예) ~한 모습으로 보이는데, 이런 점에 대해 어떻게 생각합니까? 또는 이런 결과가 나온 것에 대해 어떻게 생각하나요?

⑩ 검사 결과를 객관적 시각으로 설명하되 중립적 언어로 표현한다. 예) 결과는 ~게 나타났는데 본인은 어떻게 생각합니까? 어떨 때 그렇다고 생각합니까?

⑪ 검사 결과에 대해 다각적인 관점에서 생각하도록 도움을 준다. 예) 이런 강점을 다른 사람들이 바라볼 때는 어떻게 느낄까요? 본인이 ~에 대해 약점이라고 말했는데 그것이 오히려 강점으로 인식되거나 좋게 작용할 때는 어떤 경우일까요?

표40의 사례를 보자. 표40의 표현 A는 워크넷에 있는 '직업전환 검사'의 결과 리포트에 들어 있는 개방 감수성에 대한 점수별 설명자료다. 진단을 마친 사람에게 점수에 따른 이해를 돕는 설명이다. 읽어보면 알겠지만, 이런 표현은 거부감을 일으킬 수도 있다. 만일 코치가 이런 식으로 표현한다면 참가자 반응이 어떨지 가늠해 볼 수 있는 좋은 사례다. 부정적 표현도 많고, 또 단정적으로 말하고 있기 때문이다. 이런 자료를 다룬다면 코치는 표현 A를 표현 B와 같은 의미로 전달하는 것이 바람직하다. 따라서 이런 자료를 가지고 표현을 전환하는 연습을 하면 도움이 되겠다.

표40 디브리핑 표현A, 표현B 사례 비교

개방 감수성	표현A(진단 결과지)	표현B(코치의 표현 전환)
+2점보다 높은 경우	사회적 통념에서 이탈된 행동을 하고, 귀족적으로 보이려고 과장되며 가식적인 행동을 한다고 평가될 수 있음.	자기 개성이 뚜렷한 편이며 틀에 얽매이기보다 자유롭게 자기 자신을 드러내고 표현하는 경향이 있음.
−2점보다 높고 +2점보다 낮은 경우	탈 관습적인 사고와 행동을 많이 하고 예술적 감성과 미적 가치, 창의력을 요구하는 행동을 선호한다고 평가될 수 있음.	관리 관행을 따르기보다는 개인적 취향을 소중하게 생각하는 편임. 미적 감성과 가치, 창의적인 활동을 좋아함.
−2점보다 낮은 경우	새로운 것에 대해 거부반응을 보이고, 예술적 가치를 낮게 평가하며, 감정 표현이 어색하고, 경직적이라고 평가될 수 있음.	관습적이거나 일관된 것을 좋아하며, 예측 가능할 때 편안한 성향임. 미적 가치를 판단하거나 감성 언어로 표현하는 데 어려움을 겪을 수 있음.

그룹 활동 촉진 스킬

코칭은 코치와 참가자 1:1로도 이루어지지만 그룹 형태로 전개되기도 한다. 그룹을 2~6명 범위로 진행하면, 코치는 1:1 관계 이상으로 신경 쓸 일이 많아진다. 코치와 참가자 그리고 참가자와 참가자 사이의 역동을 불러일으켜야 하기 때문이다. 이런 상황을 리딩하는 스킬을 촉진 스킬 (Facilitating Skill)이라 말한다.

촉진 스킬에 앞서 문제 상황을 미리 예방하는 시스템을 만들어 두자. 될 수 있으면 코치 개입을 적게 하는 것이 바람직하므로 그라운드 룰을 미리 합의해 두는 것이 좋다.

그라운드 룰

우리의 아름다운 약속

1. 오픈 마인드
   (개인 이야기는 비밀보장)
2. 시간 지키기
   (압축하여 효과내기)
3. 경청하고 리액션하기
   격려&지지(Energy Up)
4. 과제와 실천내용 공유하기
5. What-Why-How로 말하기
   (1인당 2분 이내)

우리의 아름다운 약속

1. 조장/형님 말 잘 듣기
2. 리액션 잘하기
   (끄덕이기, 응답, 상호 대화,
   박수, 웃어주기)
3. 잘 모르면 질문 허용
4. 시간 지키기
   (세션 발표 1분 이내)
5. 사적인 이야기는
   비밀보장

그림22 **그라운드 룰 예시**

상호 역동을 일으키기 위해 첫 세션에서 그라운드 룰을 만들어 두면 매우 효과적이다. 룰을 만들 때는 전원 합의 과정을 거치는 것이 좋다. 이런 룰을 만드는 과정에서는 시간을 효율적으로 사용하는 것이 중요하다. 그림 22와 같은 예시를 제시한 후 추가, 삭제, 조정을 요청하면 도움이 된다.

그룹 코칭 참가자의 코치 역할

코치가 여러 사람을 리딩하는 입장이기 때문에 세션 순서에 대해서도 미리 공지하고 동의를 얻는 것이 좋다. 코치가 대화를 독점해서는 안 된다. '코칭'답게 질문과 응답이 수시로 교환되는 과정을 거치는 것이 바람직하다.

그리고 참가자들 대화 사이사이에 공감, 존재 인정, 에너지 높이는 질문 혹은 관점을 전환하는 질문, 피드백 등을 활용한다. 일상적 대화와 다른 대화법이 코칭이란 것을 맛보게 하면 좋다. 가장 이상적인 그룹 코칭은 참가자들에게 코칭 대화 스킬을 알려주고, 수시로 시범을 보여주면서 학습할 기회를 제공하는 것이다. 그리고 상황마다 참가자들이 코치를 대신하여 상호 코칭 대화 스킬을 사용해 보도록 촉진하면, 코치의 역할이 줄어들어 효과적이다.

그룹 코칭은 적어도 2세션 이후부터는 참가자 상호 간에 친밀감이 생기게 된다. 상호 소통 빈도도 늘어나면서 어느 정도 역동이 생기기 마련이다. 이러한 과정을 촉진하는 것이 코치의 역할이다. 참가자 개개인이 코칭적 대화를 통해 코치 역할을 맡아보는 것도 매우 이상적이다. 커리어 이슈도 해결하면서, 코칭적 대화법도 어느 정도 익히게 되니 두 마리 토끼를 잡는 격이다.

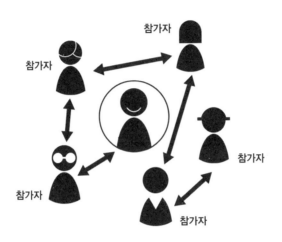

그림23 **그룹 코칭의 상호 역동 관계**

그룹 상호 작용을 촉진할 때 코치가 주의할 점을 알아보자.

① 전체 시간관리와 개인별 발언 시간 조절

② 대화 쏠림 방지와 공정성 유지

③ 리액션이 골고루 이루어지도록 밸런스 유지

④ 대화 초대와 감사 표현

⑤ 행동을 문제 삼기보다 생각전환에 초점 두기

도구 활용

그룹으로 커리어 코칭을 할 때는 심리적 저항이 생길 수 있다. 자기인식이 덜 된 경우에는 상대적으로 자신의 생각을 발표하는 데 어려움을 느낀다. 그러니 쉽게 참여할 수 있는 환경을 만드는 것이 중요하다. 이럴 때 카드와 같은 도구를 활용하면 좋다. 카드를 활용하여 재미와 유익함을 동시에 느끼도록 설계하면 도움이 된다. 카드의 종류를 알고, 활용법도 준비가 되어 있으면 그만큼 편하다. 커리어 코칭에서 활용 가능한 카드로는 흥미 카드, 강점 카드, 욕구 카드, 가치관 카드, 직업 카드, 이미지 카드, 자아 선언문 카드, 질문 카드 등이 있다.

이 가운데 질문 카드와 이미지 카드 활용법을 소개한다.

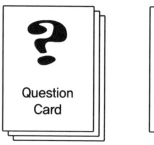

그림24 **질문 카드 예시**

질문 카드 활용법

여러 장의 질문 카드 가운데 위와 같은 한 장의 질문 카드를 뽑으면서 진행한다.

① 2인씩 소그룹을 정해서 일정량의 카드를 나눠주고, 카드를 뽑으면서 상호 대화를 나누게 하는 방법. (이 경우 참가자의 발언 기회를 늘리는 대신 시간을 절약할 수 있다.)

② 참가자 대표가 한 장의 카드를 뽑고 모두 그 질문에 관한 대화를 나누는 방법. (공동으로 상호 관심사를 파악하는 데 도움이 된다.)

한 참가자가 대답하면 반드시 공감이나 칭찬, 인정, 지지, 응원, 축하를 한다. 그룹 코칭에 매우 효과적이다. 이런 카드는 세션 초기에 활용하는 것이 좋다. 자기 속 이야기를 하게 되면 마음의 문을 손쉽게 열고 서로 가까워진다.

사례25 질문 카드를 활용한 대화 사례

"내 인생에서 의미 있었던 도전은?" 이 질문 카드에 대해 한 사람이 발표하면, 여러 명이 돌아가며 리액션한다.

참가자 1번 제게 의미 있었던 도전은 스키장에서 강사 아르바이트를 했던 것입니다. 경험도 없었고 집을 떠나 두 달간 지내는 것이 불편해서 할까 말까 망설였지요. 하지만 교습법도 배우고 지금

여자 친구를 만나게 된 계기가 되어 의미가 있습니다.

참가자 2번 (리액션) 와우!! 축하합니다. 돈도 벌고 여자 친구도 생기고 좋았겠네요. (축하)

참가자 3번 (리액션) 바로 기억해 낸 걸 보면 정말 도전의 의미가 컸었나 봅니다. 강사 활동을 2달이나 했다니 아마 티칭 스킬이 좋은 분 같습니다. (존재 인정)

참가자 4번 (리액션) 저도 궁금해서 그러는데 스키장 아르바이트를 하면 무엇이 좋은가요? (질문)

이미지 카드 활용법

코칭은 이슈 해결에 집중하기보다는 사람, 즉 존재에 집중하기 때문에 그 사람의 정체성에 관한 이야기를 먼저 나누는 것이 일반적이다. 따라서 자기가 어떤 사람인지, 어떤 사람이 되고 싶은지 생각한 후 말을 하고, 선언하는 것도 아주 훌륭한 전개 방법이다.

자주 사용하는 방법은,

① 책상 위에 이미지 카드 여러 장을 늘여 놓고 마음에 드는 카드 2장을 고르라고 한다

② 모두 고르고 나면 미션을 전달한다. "카드를 양손에 하나씩 들고, 왼쪽은 '여태까지 살아온 나의 모습, 우측은 앞으로 되고 싶은 나의 모습'에 대해 사진 속의 이미지와 연결합니다.

각자 1분 정도 설명할 겁니다. 바로 준비해 주기 바랍니다."

③ "그럼 누가 먼저 발표할까요?"

④ "발표하는 모습을 기념하는 사진을 동료들이 찍어줘도 괜찮을까요?"

사례26 이미지 카드 활용 대화 사례

참가자 중 한 명이 선택한 이미지 카드를 보면서 발표한다.

그림25 이미지 카드 예시

참가자 1번 왼쪽 사진은 빈 의자인데요. 제가 한곳에 머물면서 조용히 정적으로 살아왔다는 것을 인식하게 되었습니다. 오른쪽 사진은 배를 타고 사람들과 어울리면서 목적지를 향해 나아가는 모습입니다. 앞으로 저는 '삶의 목적과 방향을 명확히 하면서, 사람들과 함께 어울려 사는 사람'이 되어야겠다고 생각했습니다. (박수)

참가자 2번 (리액션) 정말 멋지네요. 응원하고 싶습니다. (응원)

참가자 3번 (리액션) 저도 같은 심정이고, 꼭 그렇게 이루어지기를 바랄게요. (공감, 지지)

물론 이런 카드 활용을 1:1 상황에서 해도 좋고, 혹은 코치가 먼저 시범을 보여주거나 리액션을 잘 해주어도 좋다.

인포밍과 피드백 스킬

인포밍 스킬

코칭을 새로 배우는 사람들에게서 많이 듣는 질문 중 하나가 "코치는 질문만 해야 하나요?"이다. 그도 그럴 것이 코치는 말을 많이 하지 않도록 주의를 많이 받기 때문이다. "해주고 싶은 말이 있는데 참아야 하나요?" 혹은 "참가자가 대처 방법이나 과거 성공사례 등을 묻는다면 어찌하는 게 좋은가요?" 등의 질문도 자주 한다.

배우는 과정에 있을 때는 원칙을 잘 따르는 것이 좋다. 코칭을 코칭답게 하는 것은 코칭의 정체성을 유지하는 것과 관련되며 기본기에 해당하므로 매우 중요하다.

상황에 따라 적절한 정보를 제공해 줄 수도 있다. 하지만 빈도가 잦으면 참가자의 의존성이 높아질 수 있고, 자율성과 실행에 있어 자기책임이 떨어지게 되므로 주의가 필요하다.

실제로 커리어 코칭을 다루다 보면 참가자가 답을 쉽게 찾지 못하는 경우가 적지 않다. 자신에 관한 분석을 해본 적도 없고, 직업 세계에 대한 경험도 없기 때문이다. 또는 코칭식 질문이 생소하여 부담스럽게 느끼기도 한다.

코칭이 티칭이 되지 않으려면 적절한 용어를 사용하는 것을 추천한다. 정보 나눔(Informing)이라는 단어를 사용하면 좋겠다. 참가자에게 '가르쳐드린다, 조언해 준다'라는 표현 대신 적절한 타이밍에 맞춰 참가자에게 "제가 지금 말씀을 나누다가 떠오르는 것이 있는데 말씀드려도(Informing) 될까요?" 혹은 " ~떠오르는 게 있는데 나누어도(Sharing) 될까요?" 하는 식으로 허락을 구하고 전달하기를 추천한다. 넌지시 전하면서도 생각을 자극하는 데 효과가 있다면, 가끔 활용해도 좋다.

사례27 인포밍 대화1

코치 지금까지 자기분석에 관한 이야기를 오래 나눴는데, 앞으로 어떤 직업을 갖고 싶다는 생각이 들었나요?

참가자 저도 코치님처럼 코치가 되면 좋겠다는 생각이 들었어요. 코치가 되려면 어떻게 하면 좋을까요?

코치 아! 그런 생각이 들었군요. 코치에 관해 관심이 있다니 저도 반갑네요. 자세하게 말씀을 드리고 싶은데, 괜찮다면 오늘 코칭 세션을 마치고 별도로 이야기하면 어떨까요? (코칭 이외의 시간을 활용함)

참가자 예. 좋습니다.

코치 내일 그 사람을 만나게 되면 설득을 잘하고 싶은데, 그 방법을 알고 싶다는 거지요?

참가자 예. 맞습니다. 시급하거든요.

코치 그렇다면 제가 알고 있는 방법을 지금 말씀드려도 될까요?

참가자 예.

코치 제가 생각나는 한 가지 사례를 들어 말씀드릴게요. 미국에서 처음 트랙터와 같은 농업용 장비를 만들긴 했는데, 워낙 가격이 비싸서 농부들에게 판매하기가 여간 어렵지 않았답니다. 그런데 한 사람이 이걸 해결했어요. 어떤 방법을 썼을지 혹시 떠오르나요? (맨 뒤에 질문을 시도함으로써 쌍방향 대화 느낌)

참가자 글쎄요.

코치 지금은 우리가 모두 알고 있는 할부 제도예요. 하지만 당시에는 획기적 판매 방식이었답니다. 지금 상황도 비슷한 것 같아요. 문제가 크게 느껴져 설득하기 불가능해 보이지만 할부처럼 쪼개서 생각하면 어떨까요? (인포밍+질문)

참가자 문제를 크게 보지 말고 나누란 말씀이네요. 어떻게 나누면 좋을까요?

코치 지금 참가자님이 원하는 것은 '시간과 비용을 절약하면서도 협조를 최대한 얻는 것' 아닌가요?

참가자 맞습니다.

코치 그렇다면 첫째, 그에 따른 대안 A를 그 사람이 택하면 그 사람에게는 어떤 득이 있을까요? 둘째, 대안 A를 받아들이지 않으면 그 사람에게 어떤 손실이나 리스크가 있을까요? 이렇게 나눠 생각하면 어떨까요?

참가자 좋은 방법이네요.

코치 그래도 대안 A가 거절된다면, 최상은 아니지만 차선으로 택할 대안 B를 구상해 두면 어떨까요?

참가자 예. 아주 좋습니다. 그렇게 하면 되겠네요.

피드백 스킬

후배 코치들로부터 "코치는 질문만 하고 들어만 줘야 하나요?" 하는 말도 듣는다. 직접 말해주고 싶거나 촉진할 필요가 있을 때는 어떻게 하면 좋으냐는 이야기다. 코치는 들어만 주는 것이 아니라 과제를 부여하고 요구하는 역할도 한다. 적절한 피드백을 통해 직면을 돕기도 하고, 스스로 실행에 책임지도록 요구하여 참가자가 원하는 결과를 얻도록 해야 한다.

코칭을 하다 보면 참가자에게 직면이 필요하다고 느낄 때가 있다. 코치란 듣기 좋은 말만 하는 게 아니다. 때로는 참가자의 성장을 위해, 실행력을 높이기 위해, 상황을 이해하기 위해 거울을 비춰주는 역할도 한다. 참가자의 자기성찰을 돕기 위해 코치는 직언을 효과적으로 잘해야 하며 이런 스킬을 일컬어 '피드백 스킬'이라고 한다.

피드백을 전하면서 '해야 한다'는 식의 표현보다 '하나의 선물'이라는 말을 덧붙이면 피드백을 더 귀하게 여기게 된다. 선택권을 제공한다는 측면에서 참가자가 수용 여부를 판단하므로 자기가 결정했다는 의식을 갖기 때문이다.

피드백할 때 생각과 행동 중 어느 것에 초점을 둘 것인가?

이것은 매우 중요하다. 행동은 생각에 따라 작동하는 것이다. 생각을 잘 하도록 생각에 대해 피드백을 하는 것이 좋다. 행동에는 잘못이 없기 때문이다. 또 행동을 문제 삼으면 존재를 문제 삼는 경향이 크기 때문이다. 피드백을 질문 형식으로 하면 효과가 크다.

코칭은 지나간 일보다는 미래에 초점을 맞춘다. 피드백도 '피드 포워드(Feed Forward)'를 활용하면 좋다. 피드 포워드는 미래를 지향하는 형태의 대화법이다.

사례29 불편한 피드백과 좋은 피드백
불편한 피드백 예시
이렇게 하지 말라고 했는데 왜 그랬어? (행동에 피드백)
벌써 몇 번째니? 사람이 왜 그 모양이야? (존재 부정 피드백)

좋은 피드백 예시
왜 이렇게 했나요? (행동)

그렇게 했던 좋은 이유가 무엇인가요? (생각에 대한 피드백 질문)

이런 결과가 생기지 않도록 만약 순서를 바꾼다면 어떻게 해보겠습니까? (생각에 대한 피드백 질문)

좋은 피드 포워드 예시

보시다시피 결과가 안 좋네요. 계획 세우는 일에 시간을 더 투입하면 어땠을까요? (과거에 대한 피드백 질문)

이런 일이 반복되지 않으려면 무얼 미리 챙기면 좋을까요? (피드 포워드 질문)

그렇게 하는 것이 최상일까요? (판단 질문)

그렇게 하면 무엇이 좋아질까요? 최상의 결과를 얻으려면 무엇을 새롭게 해보면 좋을까요? (피드 포워드 질문)

  피드백할 때 유의할 점이 있다. 피드백 자체가 판단이나 평가를 수반할 가능성이 크기 때문에 최대한 비 평가적 관점에서 표현할 필요가 있다. 피드백을 전하기는 하지만 질문 형식으로 표현하거나 완곡하게 표현하는 것이 좋다. 피드백 중 가장 건설적인 피드백은 셀프 피드백이기 때문이다. 질문은 스스로 깨닫게 하는 힘이 있다.

사례30 **피드백 대화 비교**

비 효과적 피드백: 실행하기로 약속한 것을 '자꾸' 미루는 것 같네요. (피드백할 때 부사를 사용하는 것은 에너지를 떨어뜨리거나 반발심을 불러일으킬 수 있고 피드백을 부정적으로 느끼게 되니 유의해야 함)

일반적 피드백: 참가자님이 실행하기로 한 약속을 반복해서 지키지 않는 것을 보니 제가 도움을 드리지 못하는 것은 아닌지 불편한 마음이 드네요. (솔직한 감정 표현, 행동에 초점)

효과적 피드백: 미래의 자신이 현재의 자기 모습을 보면서 뭐라 말할 것 같나요? (셀프 피드백을 하도록 요청함)

효과적 피드백: 이대로 가면 어떻게 될 것 같나요? (행동을 직접 문제 삼지 않고 스스로 판단하도록 질문함)

효과적 피드백: 실행을 일부러 미루실 분이 아니라는 생각이 들어요. 어려움이 있었을 것 같은데 혹시 어땠나요? (존재에 대한 존중, 판단에 앞서 생각을 알아보려 함)

완곡한 표현: 솔직하시네요. 실행을 못 한 상태로 이 자리에 오면서 심정이 불편했을 텐데, 이렇게 와주어 고맙습니다. (피드백 상황에서 오히려 인정 표현을 하면, 더 미안해하면서 스스로 다짐을 하는 반응을 보임)

완곡한 표현: 솔직하시네요. 실천은 못 했지만, 생각은 하고 있었다니 다행이네요. 제가 무얼 챙겨드리면 실행하는 데 도움이 될

까요? (피드백 상황에서 인정하면서 공동의 책임으로 전환)

피드 포워드: 비록 시간이 경과했지만, 목표를 따라잡으려면 우리에게 어떤 것이 더 필요할까요? (미래 지향)

피드 포워드: 마음만 먹으면 엄청난 것들을 해내실 분이라고 생각합니다. 어떻게 하면 마음먹은 대로 원하는 것들을 모두 해낼 수 있을까요? (존재 인정, 미래 지향)

국제코치연맹의 핵심코칭역량 모델

알아차림을 불러일으킨다

Evokes Awareness

정의 강력한 질문, 침묵, 은유(Metaphor) 또는 비유(Analogy)와 같은 도구와 기술을 사용하여 고객의 통찰과 학습을 촉진한다. – 핵심역량 7

Definition Facilitates client insight and learning by using tools and techniques such as powerful questioning, silence, metaphor or analogy.

알아차림이나 통찰을 불러일으키기 위한 방법으로 고객에게 도전한다. – 핵심역량 7의 2

Challenges the client as a way to evoke awareness or insight.

코칭 대화 모델(E-GROW)

코칭 대화 모델이란 대화를 전개해 나갈 때 핵심적 요소와 풀어 나가는 순서를 보여주는 소중한 모델이다. 전 세계적으로 가장 널리 알려진 것이 영국의 휘트모어 경이 보급한 GROW 모델이다. GROW란 Goal(목표 설정), Reality(현상 파악), Option(대안 찾기), Will(실행 의지)을 뜻한다. 여기서는 E(Energy, 氣)를 포함하여 E-GROW 모델을 제시한다.

　코칭 대화는 시작부터 종료에 이르기까지 참가자의 기운이나 동기가 높아졌는지를 파악하는 것이 중요하다. 그림26에서 보듯이 Energy를 4가지 요소의 가장 중앙에 배치하였다.

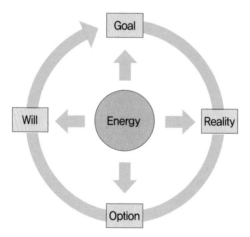

그림26 **E-GROW 모델**

이제 사례를 통해 어떻게 코칭 대화가 이루어지는지 살펴보자. 본격적인 코칭 대화를 시작하기에 앞서 오프닝 단계로 신뢰감, 안전감을 느끼도록 돕는 것이 중요하다. 기분이 좋은 상태로 대화를 출발하려면 좋은 것을 떠올리는 질문부터 시작하면 좋다.

오프닝

오프닝을 위한 코칭 질문의 예는 다음과 같다.

① 모든 조건이 허락한다면 어느 나라에 가보고 싶나요?

② 시간이 날 때 주로 어떤 것을 하면 기분이 좋아지나요?

③ 좋아하는 것(음식, 노래, 옷, 색깔, 취미 활동 등)은 어떤 건가요?

④ 표정이 밝아 보이는데 어떤 기분 좋은 일이 있는지 나눠줄래요?

대답하기 쉬우면서도 기분이 좋아지면 좋은 질문이다. 세션마다 첫 질문을 잘하는 것이 중요하다. 시작이 부드러우면 그만큼 애쓰지 않고 전개하기 쉽다. 보통 첫 말문을 열기 힘들다고 한다. 이럴 때를 대비한 여러 레퍼토리를 미리 준비하자.

참가자에게 세션마다 Good News를 공유해달라고 요청하는 것도 방법이다. 말수가 적은 참가자라면 코치도 자신의 간단하고 좋은 소식을 미리 준비하여 시범을 보여도 좋다.

오프닝 질문으로 영어의 "How are you?"처럼 "어떻게 지내요?", "기분은 좀 어때요?", "학교 생활은 어때요?", "취미 생활로 요가를 한다고요? 어때요?", "여행은 어땠나요?", "가족들은 어떠세요?", "건강은 어떤가요?" 등등 다양하게 응용하면 말의 물꼬를 트는 데 부담을 덜 수 있다.

GROW 대화

코칭 대화를 통해 E-GROW를 익히자.

사례31 GROW 코칭 대화

코치 오늘은 어떤 이야기를 나누고 싶나요?

참가자 제가 게으른 데다 시간관리를 잘 못하니 요즘 초조해지곤 합니다.

코치 게으르다고 표현했지만, 본인의 기대 수준이 높거나 충전을 하고 있었던 것 아닐까요? (Energy Up 질문)

참가자 아~ 그런가요? 그런 생각을 못 해봤네요. 하하.

코치 시간관리를 잘하면 무엇이 좋아지나요? (상위 목표 확인)

참가자 자격시험 준비를 잘하겠죠. 시험에 합격하고 싶습니다.

코치 아, 그러시군요. 시간관리를 잘해서 자격시험에 합격하고 싶으신 거군요. 자격시험은 본인에게 어떤 의미인가요? (의미 확인을 통해 동기부여)

참가자 저는 큰 조직에 속해서 일하기보다 프리랜서로 일하고 싶습니다. 저의 전문성을 인정받으려면 아무래도 자격을 취득하는 것이 중요하거든요.

코치 오늘 '시간관리'와 '자격시험 합격' 2가지 이야기가 나왔는데, 어느 것에 관해 이야기를 나누면 좋을까요? (상위와 하위 목표 중 참가자가 선택하도록 존중. 코치가 일방적으로 정하면 코칭을 마치고 나서 불일치가 생길 수 있음)

참가자 시간관리에 관해 이야기 나누고 싶습니다.

코치 그럼, 이 시간에 이야기 나누고 싶은 주제를 한 문장으로 말씀해 주시겠어요? (참자가의 언어로 직접 표현하도록 하는 이 질문은 매우 중요함)

참가자 앞으로 프리랜서가 되기 위하여, 시간관리를 잘해서, 자격시험에 합격하기입니다. (주제 세팅)

코치 지금 시간관리를 하는 정도는 10점 만점으로 할 때 몇 점에 해당하나요? (척도 질문)

참가자 6점 정도입니다.

코치 그렇다면 언제까지 몇 점에 도달하면 만족할까요? (목표 확인)

참가자 한 달 안에 9점까지 도달하고 싶습니다.

코치 9점은 어떤 모습인가요? (추상을 구체화함)

참가자 시간계획과 실제 시간사용 일치도가 90%에 도달하는 겁니다.

코치 와우! 이해하기가 쉽네요. 그럼 오늘 코칭의 목표를 다시 한 번 말씀해 주시겠습니까?

참가자 예. 시험 합격을 위한 준비로써 시간계획과 실제 시간사용 일치도 90%에 도달하기입니다. (주제와 목표가 다르며 주제 확인 후 그에 따른 성공 지표를 목표로 세팅함)

코치 예. 정말 좋습니다. 원하는 대로 시간활용이 잘 이루어진다면 기분이 어떨까요? (Energy Up 질문)

참가자 좋을 것 같네요. 하루하루가 뿌듯할 것 같습니다.

코치 그렇게 되기를 저도 응원할게요. 아까 현 상태는 6점이라고 했는데 무언가 이미 잘하고 있는 것이 있나 봅니다. 어떤가요? (Energy Up 질문)

참가자 네. 시험 관련 과목 중 80%는 준비가 된 것 같아요.

코치 그러시군요. 준비를 80% 해오기까지 본인은 어떤 강점을 활용했을까요? (Energy Up 질문)

참가자 선배들에게 경험담을 듣고 체계적으로 준비했거든요. 아마 정보력, 친화력, 체계화 능력이 떠오르네요.

코치 좋은 강점을 활용하고 있었군요. 그렇다면 향후 9점에 도달하려면, 어떤 것들이 필요할까요? (Option 대안 찾기)

참가자 낮에는 방해 요소가 많아서 미라클 모닝을 해야겠다는 생각이 드네요.

코치 그렇게 생각한 좋은 이유는 무엇인가요? (호기심, 의도 파악)

참가자 시간을 압축해서 사용할 수 있을 것 같아요. 집중도 잘 되고 그럴 것 같네요.

코치 또 어떤 것이 있을까요? (대안을 3~5가지 정도 찾도록 함)

(중간 생략)

코치 그중 가장 효과적인 것은 어떤 건가요?

참가자 미라클 모닝 카페를 활용하여 공부에 전념하는 게 가장 효과적일 것 같습니다.

코치 효과적인 방법을 찾았네요. 혹시 그렇게 하는 데 장애 요인이 있다면 어떻게 해결하면 좋을까요?

참가자 새벽에 깨기만 하면 될 것 같아요. 너무 늦게 잠들면 안 되니까, 밤 10시부터는 스마트폰을 안 해야겠어요.

코치 예, 좋은 방법을 찾았네요. 그럼 언제 시작하시겠습니까? (Will- 의지와 실행 촉진)

참가자 당장 오늘부터 시작하겠습니다.

코치 실행하는 데 어려움이 생기면 누구에게 도움을 요청하면 좋을까요?

참가자 코치님께 연락드려도 될까요?

코치 예. 좋습니다. 매일 미라클 모닝을 하고 있는지 제가 어떻게 알 수 있을까요? (실행 촉진)

참가자 제가 아침밥 먹고 나서 매일 톡방으로 연락드려도 될까요?

코치 예, 아주 좋습니다. 말씀을 들어보니 목소리에 힘도 들어가 있고, 확고한 의지가 느껴지네요.

참가자 그런가요?

코치 오늘 이야기 나눈 것을 정리해서 말씀해 주시겠습니까?

참가자 오늘 제가 자격시험 합격을 위해 시간관리를 잘하고 싶다고 했습니다. 그래서 시간계획과 실제 시간사용 일치도가 90%에 도달하는 목표를 세웠어요. 그래서 미라클 모닝을 내일 아침부터 시작하기로 했습니다. 그리고 제가 매일 아침 코치님께 실행 여부를 연락드리기로 했습니다. 맞나요?

코치 예. 기억력도 좋고 정리를 깔끔하게 잘 하십니다. 저도 매일 응원의 메시지를 전하겠습니다.

참가자 감사합니다.

코칭 대화 스킬과 대화 모델

1. 경청 스킬

경청의 4단계

내용 듣기 상대방이 말한 내용의 핵심을 잘 요약하여 어떻게 들었는지 알아주는 것

기분 듣기 상대방의 느낌이나 감정을 거울에 비춰주듯이 그 기분을 알아주는 것

의도 듣기 상대방이 표현하지는 않았으나 속에 담긴 욕구나 선한 의도를 알아주는 것

존재 듣기 그 사람의 말 속에 담긴 성품, 미덕, 강점, 가치관을 알아주는 것

경청의 우선순위

사실(이슈, 솔루션)보다는 사람(존재)에 반응 문제보다는 욕구, 바람, 기대, 기회에 반응 과거보다는 미래에 반응

2. 질문 스킬

에너지를 높이는 질문
의도나 기회에 대한 질문, 긍정 상상의 질문

관점을 전환하는 질문
음양 질문 '없다'로, '싫다'에서 '좋다'로, '모른다.'에서 '안다.'로

3. 코칭 전개 스킬

디브리핑 스킬
시간계획, 참가자 성향 파악, 관심사 파악, 라포 형성, 질문 세트 준비, 마무리 계획, 긍정 표현으로 전환

그룹 활동 촉진 스킬
그라운드 룰 세팅 코치와 참가자의 역할, 도구 활용,

인포밍 스킬
참가자에게 유익한 정보 전달이 티칭이 안 되도록 넌지시 전달하되 가급적 허락을 받아 진행

피드백 스킬
생각을 잘 하도록 돕는 피드백 선물처럼 기분 좋게 받아들이는 피드백

4. 코칭 대화 모델

E-GROW 모델
Energy(기운) + Goal(목표) + Reality(현실) + Option(대안) + Will(의지)

Fishbone Mind Map

PART V

커리어 코칭 사례연구

Chapter 12 커리어 코칭 현장 사례

1회기 코칭 진행 사례

코칭 현장에서는 때때로 단발성으로 1회기 코칭을 전개하는 경우가 생긴다. 참가자가 커리에 대한 준비가 충분하거나, 이슈가 명료하여 1회로 이슈 해결이 가능한 경우가 그렇다. 이런 경우 효과를 높이기 위해 진단 도구를 활용하면 시간이 단축된다. 따라서 커리어에 적합한 진단 검사를 추천해 주는 것이 좋다. 단기 세션으로 진행할 때에는 참가자에게 사전 질문지를 전달하여 생각을 정리한 후 코칭에 참여하도록 한다. 그만큼 핵심에 빨리 접근할 수 있다. 이런 경우 질문 세트를 미리 잘 구성하는 것이 중요하고, 참가자가 쉽게 이해할 수 있는 질문을 마련하는 것도 필요하다.

참가자를 통해 진단 결과를 미리 확보하면 세션 방향을 미리 설계할 수 있고 해당 정보를 참고할 수도 있다. 본 세션에서는 참가자가 생각하는 미래상에 관하여 이야기를 나누면서 방향성에 대해 확신을 갖도록 초점을 맞춘다.

그림27 **1회기 코칭 프로세스**

코칭 전 합의 사례

코칭에 착수하게 되는 계기는 참가자 혹은 의뢰인의 요청에서 비롯된다. 커리어 코칭에서는 2가지 경우로 나뉜다. 코칭을 신청한 사람이 코칭 참가자가 되기도 하지만, 부모의 요청으로 자녀가 코칭 참가자가 되기도 한다. 부모의 요청으로 시작하게 되는 경우 그러니까 부모가 의뢰인인 경우 주의할 점을 몇 가지 알고 시작하는 것이 좋다.

의뢰인은 코칭에 함께하지 못하므로 많은 것이 궁금하겠지만, 코치에게는 비밀보장이라는 윤리 실천이 요구된다. 따라서 정보 공유의 한계를 미리 알릴 필요가 있다. 코칭을 마치기 직전에 코칭 참가자(자녀)에게 어디까지 공유해도 좋은지 미리 허락을 구한 후, 부모에게 내용을 공유하는 게 좋다. 참가자 자신도 몰랐던 강점과 가능성에 관해 이야기하면서, 응원과 지지를 당부함으로써 실행 단계에서 심리적 후원을 도모한다.

사례32 코칭 전 합의 대화

코치 아드님하고는 대화가 활발한 편인가요?

어머니 아니요. 아이가 좀 무뚝뚝해서 별로예요.

코치 그러시군요. 그래서 한 가지 미리 말씀드리고 싶은 것이 있는데요.

어머니 예.

코치 코치에게는 윤리 규정을 준수할 의무가 있어요.

어머니 예. 어떤 건가요?

코치 코치들은 코칭 내용에 대해서 비밀을 준수해야 합니다. 따라서 코칭 내용에 대해서는 아드님에게 직접 들으시거나 혹은 제가 아드님에게 허락받은 내용에 대해서만 공유해 드려야 하는데 괜찮을까요?

어머니 왜 그러는 거죠? 부모가 아이에 대해 모든 걸 알아야 잘 판단할 수 있는데요.

코치 예. 맞는 말씀입니다. 지원해 주려는 마음이 크기에 저와 이런 말씀을 나눈다고 생각합니다.

어머니 그런데요?

코치 좀 생소하겠지만 코칭을 시작할 때 코치는 참가자에게 코칭 내용에 대해 비밀을 준수한다는 윤리 규정을 말하게 되어 있습니다. 그러니 이 말을 지켜야 하지요. 그래야 아드님도 마음 편하게 어떤 이야기든 할 수 있습니다.

어머니 아, 그렇겠네요. 그래야 안심하고 자기 고민을 편하게 이야기하겠어요.

코치 잘 이해해 주셔서 감사합니다.

코칭 사전 준비 사례

코칭을 본격적으로 시작하기에 앞서 사전에 준비할 것들이 있다.

일종의 과제처럼 질문지를 활용하거나 진단을 미리 요청하면, 진단 결과를 가지고 시간을 효율적으로 활용할 수 있다. 사전 준비를 하면 참가자와 대화의 물꼬를 트기 쉽다. 과제 수행에 대해 인정, 칭찬도 충분히 전달할 수 있으며, 때에 따라서는 코칭에 대한 마음가짐, 즉 '코칭 준비도(Coachability)'도 파악할 수 있다.

사전 질문은 답하기 쉬운 간단한 질문도 좋지만, 코칭 세션이 1회기나 짧은 경우라면 질문을 통해 정보를 많이 요청하는 것이 참가자에게도 도움 된다. 다음은 활용했던 질문 세트이며, 참고로 고등학생도 대답하는 걸 어렵게 생각하지 않았다.

사례33 코칭 사전 질문 세트

코칭에 앞서 가볍게 답변해 주세요. 답하기가 어려우면 빈칸으로 두어도 됩니다.
1. 코칭 시간을 통해 기대하는 것은? (진로/진학/대인관계/소통/스트레스 등)
2. 자신의 취미 활동은?
   ① 평상시 취미 활동은?
   ② 시간과 조건이 되면 해 보고 싶은 취미 활동은?
3. 자신이 생각하는 강점은? (대인관계/일할 때)
4. 자신이 생각하는 취약점은? (대인관계/일할 때)
5. 진로에 있어 고민과 희망하는 모습은?
   ① To Be: 어떤 직업인이 되고 싶은가? 그렇게 되고 싶은 이유는?
   ② To Have: 어떤 능력/가치관/신념을 갖고 싶은가?
   　그런 것을 가지면 무엇이 좋아지나?
   ③ To Do: 직업인이 되었을 때 꼭 해 보고 싶은 것은?
   　그것은 본인에게 어떤 의미인가?

위와 같은 질문을 구성한 의도는 다음과 같다.

질문1: 이번 코칭 시간을 통해 기대하는 것은? (진로/진학/대인 관계/소통/스트레스 등)

첫 질문이 무겁기는 하지만 목적을 명확히 해야 효과적이다. 코칭 종료 시 목표가 달성되었는지 파악할 수 있고, 참가자의 만족 여부도 알 수 있기 때문이다. 코칭 대화 모델이 GROW인 것처럼 Goal을 먼저 명확히 하는 것이 중요하다. 기대하는 것이 명확하면 참가자가 질문도 하게 되고, 종료 소감을 요청할 때 유용하다.

예) "이제 코칭을 마칠 시간이 되었어요. 코칭을 시작할 때 자신의 직업관과 강점에 대해 알고 싶다고 했는데, 어땠나요? 혹시 더 알고 싶은 것이 있을까요?"

질문2: 자신의 취미 활동은?

취미는 흥미와 직접 연결이 된다. 취미를 통해 왜 그걸 좋아하는지 속성을 파악하는 것은 직업이나 직무 성향과도 밀접한 관련성을 보이기에 커리어 설계에 큰 도움이 된다.

질문3: 자신이 생각하는 강점은? (대인관계/일할 때)

강점을 질문하는 것은 매우 효과적인 접근이다. 참가자에게 자신에 대한 긍정 이미지를 떠올리도록 하려는 의도다.

"스스로 생각할 때 본인의 성격은 어떤가요?"라고 물으면 대체로 부정적 표현의 응답이 먼저 나온다. 이것은 겸손이 동양적 미덕이기에 자신을 낮추어 말하는 긍정 의도에서 출발하는 것이다. 하지만 커리어 코칭에서는 다른 관점으로 자신을 바라보는 것이 필요하다. 자기가 어떤 사람인지, 자기가 어떤 강점이나 정체성을 가졌는지 등 자기 내면의 자원에 대해 올바른 인식을 해야 한다. 이런 부분이 바탕 될 때 미래 설계가 자신이 원하는 모습으로 잘 드러나기 때문이다.

누구든 자신의 강점으로 성과를 내기 때문에 자신의 강점을 인식하고 표현할 줄 아는 것은 중요하다. 만일 커리어 시장에서 자신의 몸값이나 역할을 누군가가 결정한다고 가정한다면, 자신을 있는 그대로 드러내는 것이 낫다. 있는 사실조차 과소평가할 이유는 없다.

커리어 코칭에 있어 자신감과 자존감은 기초 다지기와 같다. 따라서 긍정적 자기 이미지 혹은 정체성을 갖도록 도와주는 것이 중요하다. "본인 성격이 어떤가요?"와 같은 질문을 통해 자아상과 자신감 혹은 자존감에 대해서도 어느 정도 파악할 수 있다.

만일 참가자가 "저는 개방적이고 솔직한 편이라고 생각합니다만 주변의 친구들은 저 보고 사교적이면서도 일할 때는 체계적이라고 합니다. 또 택배 아르바이트를 할 때 사장님이 저를 보고 어려운 일을 끝까지 해내고 인내심이 좋다고 했던 기억이 납니다."라고 대답한다면 입체적인 관점을 지닌 사람이라는 인상을 받게한다. 이렇게 느낀 부분을 참가자에게 피드백해 줄 수도 있다.

하지만 이런 식으로 구분해서 말하는 사람이 많지 않으므로 관계에서의 강점과 일할 때의 강점을 나누어 질문하는 것이 더 효과적이다.

질문4: 자신이 생각하는 취약점은? (대인관계/일할 때)

사람들은 강점보다 약점에 대해 더 잘 알고 있다. 하지만 매사에 약점이 아닌 것을 자각하고 자신감을 가질 필요가 있다. 바로 이 대목에서 참가자들은 인식의 전환이 생기고 의식이 확장되었다거나 인사이트를 얻었다는 대답을 한다. 중요한 것은 자신이 원하는 직업이나 직무에 어떤 영향이 있을 것인지 알아야 한다. 미리 대비하여 상황 적합성을 높이려는 노력도 필요하다. 약점을 너무 의식하면, 약점을 보완하려 애를 써도 마음먹은 대로 잘되지 않는다. 오히려 좌절감을 느낄 수 있다. 약점보다는 차라리 '평범'에 주력해서 '비범'으로 나아가는 것이 좋다.

질문5: 진로에 있어 고민과 희망하는 모습은?

① To Be: 어떤 직업인이 되고 싶은가? 그렇게 되고 싶은 이유는? 직업적 비전을 묻는다. 대답하기 어렵다면 그것이 코칭 이슈가 되므로 상관없다. 코칭에 앞서 가볍게 답변해달라고 요청한다. 답하기가 어려우면 빈칸으로 두어도 된다는 메시지를 함께 전달하기 때문에 이에 대한 심리적 저항은 별로 없다. 오히려 이

런 질문으로 인해 미리 고민해 볼 시간이 되므로 효과적이다.

② To Have: 어떤 능력/가치관/신념을 갖고 싶은가? 그런 것을 가지면 무엇이 좋아지나?

진로와 연결된 질문이다. 원하는 직업인이 되기 위해 요구되는 능력 등에 관한 생각을 돕는다. 대답에 따라 필요한 대화를 나눌 수 있어서 좋다. 꿈과 현실의 갭을 줄일 수 있도록 돕는다.

③ To Do: 직업인이 되었을 때 꼭 해보고 싶은 것은? 그것은 본인에게 어떤 의미인가?

직업인으로서 바람직한 역할에 대해 대답하는 때도 있지만, 개인 관심사를 답하는 경우가 있다. 이것은 본인의 관심사가 어디에 있는지 파악하는 데 도움이 된다. 직업인으로서 기여할 부분이나 공익적 가치에 대해서도 생각해 볼 수 있다.

위의 질문 1~5는 본 코치 세션에서 다루는 내용이다. 질문들이 위계 구조를 갖추고 있고, 상호 연결되어 있다.

다음 그림28은 커리어 코칭에서 간편하게 사용할 수 있는 구조화된 질문 세트다.

그림28 **커리어 질문 세트**

사례34 **구조화된 질문 세트를 가지고 코칭을 진행하는 대화**

사전에 커리어 질문 세트에 답하도록 요청했다. 코칭 세션 중에 성향 진단 결과를 참고하면서 코칭을 전개했던 사례다. 사전 질문에 대한 답변과 코칭하면서 보완했던 내용에서 핵심만 간추렸다.

코칭 이슈- 전공과 적성의 불일치

"부모님이 컴퓨터와 관련한 전공이 나중에 취업하기 쉽다고 하여 소프트웨어 개발학과로 진학했어요. 하지만 공부에 흥미가 생기지 않고, 어렵기도 해서 학점도 안 좋았어요. 적성에 안 맞는 것 같아 1학년을 마치고 군대를 다녀왔습니다. 복학해서 한 한기 전공 공부를 해보니 역시 저랑 맞지 않는 것 같아 고민입니다."

코칭 목표

코치 코칭을 통해 얻고자 하는 것은 무엇인가요?

참가자 저의 가치관에 맞는 직업을 찾는 것입니다. 다른 누군가로 대체되기 힘든, 내가 잘하는 직업을 갖고 싶습니다. 돈이 최우선은 아니지만, 어느 정도 수입이 보장되는 직업을 갖고 싶어요.

취미 활동

코치 평소 어떤 취미 활동을 하나요?

참가자 노래 듣거나 부르기, 음악 가사 써보기, 만화 보기, 탁구 치기, 돈이 생기면 야외활동이나 맛집 가기 등입니다. (버크만 직업 추천 결과와 아주 유사하게 나옴)

코치 앞으로 시간과 조건이 되면, 해보고 싶은 것이 무엇인지 궁금합니다. 모두 이야기해 보세요.

참가자 영상 편집, 음악 작업, 패션 디자인 공부, 바텐더, 악기 배워보기, 여행이나 일상 유튜버, 소설이나 수필 책 출간등 입니다. (예술, 문학 등 생각하는 것을 좋아하는 Idea 속성을 지님)

코치 그것을 하고 싶은 이유는 무엇인가요?

참가자 사람들과 교감하는 일을 잘할 수 있을 것 같고, 의미 있는 무언가를 남기고 싶습니다. (사람과 교류하는 것을 좋아하는

People 속성을 지님)

강점

코치 대인관계에서 강점은 무엇인가요?

참가자 한번 맺어진 관계는 오래갑니다. 관계에 솔직하며 위선이 없다고 생각합니다. 상대방의 처지에서 생각할 줄 압니다. 상대방이 말했던 것 혹은 사소한 습관을 잘 파악하고, 오래 기억하여 친구들이 놀라는 경우가 있습니다.

코치 일할 때의 강점은 어떤 것인가요?

참가자 제가 전문성을 지닌 분야에서 일할 때 보람 있습니다. 기존의 틀을 넘어서 다른 방식의 해결 방법을 항상 생각하고, 여러 분야의 상식을 접목해 보기도 합니다.

진로 고민과 희망하는 모습

코치 어떤 직업인이 되고 싶은가요? 그렇게 되고 싶은 이유는요? (To Be)

참가자 제가 떳떳하게 이 분야의 전문가라고 말하고 싶고, 누군가를 도울 수 있는 강사나 사회복지사가 되고 싶습니다. 왜냐하면, 저는 지금 제가 잘하지 못하는 것을 하고 있다는 것에 스트레스가 많습니다. 해야 할 이유도 찾지 못하여 고민됩니다. 그런데 살아오면서 제가 가진 능력으로 주변 사람을 도와주는 경우가 많이 있었어요. 사람과 관계를 이루면서 일할 때마다 보람을 느낍니다.

직업군/직업명을 기초로 한 직업 강점 (Your Top Job Strengths)

교육 및 훈련
중등학교 교사(특수교육 교사 제외), 초등학교 교장 및 교감
중·고등학교 교장 및 교감, 대학교 총장 및 대학총장, 초등학교 교사, 특수교육 교사

사회복지
임상심리사 및 기타 치료사, 기타 종교 관련 종사자, 성직자

예술, 디자인, 스포츠, 미디어 및 엔터테인먼트
시각디자이너, 영상 녹화 및 편집 기사, 지휘자 작곡가 및 연주가
가수 및 성악가, 아나운서 및 리포터

영업 및 판매
자재 및 구매 관리자, 비소매 판매 직원의 감독자, 기획 홍보 및 광고 관리자

비즈니스 및 재무 재정
모금 디렉터, 금융 관련 사무원, 경영지원 관리자 행정 및 경영지원 관련 서비스 관리자

그림29 버크만 진단 결과 추천된 직업

코치 어떤 능력/가치관/신념을 갖고 싶은가요? 그런 것을 가지면 무엇이 좋아지나요? (To Have)

참가자 전문적인 지식을 전달하는 능력이나 도움 기술을 갖고 싶어요. (능력) 사람들과 유대감을 갖고 진실함을 나누고 싶어요. (가치관) 누군가의 삶에 큰 도움이 되는 사람이 되어야죠. (신념) 그래야 제 삶에 보람을 느낄 거 같아요.

코치 직업인이 되었을 때 꼭 해 보고 싶은 것은 무엇인가요? 그것은 어떤 의미인가요? (To Do)

참가자 배움의 과정에 있는 사람들과 친하게 지내면서 성장을 돕

거나 더 나은 삶을 살아가도록 어려운 사람들에게 도움을 주는 일을 하고 싶습니다. 그러면 개인이나 사회에 선한 영향을 미칠 수 있을 테니까요.

종료 후 소감

코치 코칭에 대한 소감이나 새롭게 알게 된 점, 중요하게 인식된 이유, 그리고 적용할 점이 있을까요?

참가자 저의 방향을 찾은 것 같아 매우 유익한 시간이었습니다. 새롭게 알게 된 것은 평소 저를 과소평가했는데, 저의 강점을 더 살릴 필요가 있다는 걸 깨닫게 된 점입니다. 그리고 기업체 취직을 준비하는 것보다는 프리랜서를 준비하는 게 더 미래지향적이고 의미가 있다는 것을 발견했습니다.

저의 성향진단 검사 결과에 나타났듯이 제가 잘할 수 있는 직업군도 발견했습니다. 교사 혹은 프리랜서로 일하다가 학원을 경영하는 학원장이 되는 것이 1차 지원 분야이고, 전공을 잘 따라가게 되면 기술영업 분야에서 일하는 것도 좋겠다는 생각이 들었습니다. 앞으로 적용할 것은 저의 관심 분야와 직업 실무에 대한 영상을 많이 찾아보면서 준비를 체계적으로 하는 것입니다.

다 회기 코칭 진행 사례

코칭 세션별 주제 합의

1회 코칭은 단발로 끝마치게 되므로 참가자가 얻고자 하는 목표에 집중하면 된다. 하지만 여러 세션으로 구성되는 코칭 프로젝트인 경우에는 합의할 것이 많아진다.

표41 **코칭 세션별 주제와 준비물 예시**

세션 회차	주제	주요 내용	준비물 (참가자/코치)	과제
사전 준비	웰컴 레터 – 코치 소개/코칭 안내 개요/코칭 계약서 취업 준비도 설문/사전 질문지			
1세션	자존감과 자신감	강점과 스토리 나는 어떤 존재인가? 셀프 칭찬 감사한 사람 행복한 이유	코칭 준비도 설문 코칭 사전 질문지 / 질문 카드	워크넷 진단1 (직업 선호도)
2세션	자기탐색1 (나 알기)	흥미, 강점, 다중지능	워크넷 진단 결과1 / 흥미/강점 카드	워크넷 진단2 (직업적성, 직업가치관)
3세션	자기탐색2 (나 알기)	적성, 직업가치관	워크넷 진단 결과2 / 이미지 카드 가치 카드	되고 싶은 것 갖고 싶은 것 해보고 싶은 것 꼭 해야 할 것
4세션	미래설계 (꿈 찾기)	비전, 미션, 목표, 핵심가치(VMOV)	종합 시트 자아 선언문 카드	커리어 종합 시트
5세션	습관 만들기 (실행촉진)	SMART 목표, 행동계획 전체 리뷰	소감문 / VMOV 시트	비전 시트 작성 Self 코칭 계획서

학교나 어떤 기관(예_청소년지원센터 등)에서 커리어 코칭을 의뢰받아 여러 참가자와 다 회기 세션을 진행하고자 한다면, 개략적인 내용 구성에 대해 주관하는 측과 사전 합의를 해야 한다. 어느 정도 가이드 라인을 정한 코칭은 구조화, 또는 반 구조화된 상태로 진행하게 된다.

기관이 아닌 개인과 여러 세션을 진행할 때에도 세션별 주제를 어떻게 이끌어가면 좋은지 미리 합의하고 출발하는 게 좋다.

코칭 목표와 성공척도 합의

첫 세션에서는 본격적인 코칭을 시작하기 전에 코칭 개념을 포함하여 전체적인 운영에 대한 사전 설명과 합의가 필요하다. 두 번째 세션부터는 해당 세션에 대한 주제와 목표 그리고 성공척도에 대하여 합의하면 된다.

무슨 일이든 시작할 때 얻고자 하는 것은 미리 정해 놓고 출발하는 게 효과적이다. 여행을 떠날 때 목적지를 정하고 길을 떠나는 것과 같다. 커리어 코칭을 통해 얻고 싶은 것이 무엇인지 명료하면 할수록 만족도가 높아진다. 코칭의 성공 여부도 목표가 명확해야 판단할 수 있다. 코칭 세션에서 목표를 합의하고 그 목표가 달성되었는지를 다루는 것은 매우 중요하다.

코칭 전개 사례

코칭 세션마다 주제를 다루게 된다. 주제에 따른 목표를 정하고 그 목표가 달성되는지 알 수 있는 방법, 즉 성공척도에 관해 확인하는 것이 일반적 전개방식이다.

사례 35 **코칭 목표와 성공척도 합의 대화**

코치 오늘은 어떤 주제로 이야기를 나눌까요?

참가자 제가 나아갈 방향에 대해서요. 이 길이 맞나 싶기도 하고, 잘못 선택한 건 아닐까 싶어 주저하는 마음이 들어서 고민입니다.

코치 그렇군요. 방향을 확신하고 싶은 것이네요.

참가자 예.

코치 확신을 하게 되면 무엇이 달라질까요?

참가자 커리어와 관련한 준비에 더 집중할 수 있겠습니다.

코치 예. 집중하고 싶은 마음이군요. 그럼 오늘 코칭 시간을 통해 얻고 싶은 것은 무엇인가요? (목표 합의를 위한 질문)

참가자 취업과 관련한 행동 리스트를 정리하면 좋겠습니다.

코치 예. 좋습니다. 취업 관련 행동 리스트 정리라고 말씀하셨네요. 무엇을 보면 오늘 목표가 달성된 것인지 알 수 있을까요? (성공척도를 확인함)

참가자 취업과 관련한 핵심 행동목표 3가지 정도를 정한다면요.

코치 목표를 짜임새 있게 준비하고 싶은 마음이 느껴집니다. '취업과 관련하여 핵심적인 3가지 행동'으로 목표를 정하면 되겠네요? 오늘의 목표와 성공지표를 다시 한번 말해볼까요?

참가자 예. 취업과 관련한 과제 리스트를 정리해 보고, 가장 핵심인 행동목표 3가지를 정하는 것입니다.

코칭 목표를 합의하면 현재 상태를 파악한 후 참가자의 이슈를 해결하기 위한 아이디어를 탐색하고 실행과제를 도출한다. 이 경우 코치가 답을 전달하기보다 스스로 솔루션을 찾아내도록 도움을 주는 것이 효과적이다. 잘 모르는 분야의 솔루션을 찾아야 할 때도 코치는 편안하면서도 자신 있게 코칭에 임한다.

국제코치연맹의 핵심코칭역량 모델

합의를 도출하고 유지한다
Establishes and Maintains Agreements

고객과 함께 코칭과정 또는 개별 세션에서 고객이 달성하고자 하는 목표에 대한 성공척도를 정의하거나 재확인한다. – 핵심역량 3의 8
Partners with the client to define or reconfirm measures of success for what the client wants to accomplish in the coaching engagement or individual session.

사례36 **코치가 잘 모르는 영역을 다루는 코칭 대화 (사례35에 이어서)**

코치 예. 좋습니다. 현재 상태는 어떤가요? (목표와 현재 상태의 갭을 확인하여 코칭 방향을 정하려 함)

참가자 이것저것 준비는 하고 있는데 체계적이지는 않습니다.

코치 체계적이란 어떤 모습인가요? (의미를 확인하여 참가자가 원하는 방향으로 코칭을 전개하고자 함)

참가자 제가 나름대로 열심히는 하고 있다는 생각이 듭니다. 지원서를 내기까지 이제 시간이 별로 없어요. 큰 틀에서 볼 때 빠뜨리는 것 없이 일정계획을 세우는 겁니다.

코치 큰 틀도 놓치지 않고, 세부 일정계획도 잘 챙기고 싶다는 말씀이군요. (의도 듣기) 혹시 취업준비와 관련하여 어떤 것을 시도해 봤나요?

참가자 그러고 보니 챙겨야 할 과제 리스트도 아직 만든 적이 없네요.

코치 그렇다면 과제 리스트를 빠짐없이 만들 방법에는 어떤 것이 있을까요?

참가자 제가 입사하고 싶은 공사에 취업한 선배가 있는데, 그 선배에게 연락해서 도움을 청하면 될 것 같아요. 그동안 그런 생각을 못 했었네요.

코치 언제까지 정보를 확보할 수 있을까요?

참가자 이번 주말까지 확보해 보겠습니다.

코치 행동목표 3개를 정하고 싶다고 했는데, 목표를 정하는 방법 중 어떤 것이 가장 효과적일까요?

참가자 선배에게도 물어보고요, 제가 만들어 본 다음에 코치님께 여쭤보면 안 될까요?

코치 예. 좋습니다. 궁금해서 그러는데, 우선순위를 정할 때 어떤 기준을 적용하면 좋을까요?

참가자 생각해 보지 않았는데요. 우선순위를 어떻게 정하면 좋을까요?

코치 지금은 생각이 안 나거나 모르더라도, 방법을 찾아본다면 어떤 방법이 있을까요? (스스로 생각할 기회를 줌. 스스로 솔루션을 찾으면 실행력이 높아짐)

참가자 네. 취업준비 카페에서 검색하거나 물어볼 수도 있겠습니다. 그리고 유튜브 영상이나 설명회 자료를 찾아보면 될 것 같습니다.

코치 그런 방법이 있겠군요. 그럼 언제까지 정하면 만족할까요?

참가자 이번 주말까지 만들어서 코치님과 공유할게요. 검토해서 의견 주시면 좋겠습니다.

코치 좋습니다. 오늘 행동목표를 정하고자 했으나 그렇지는 못했는데 어떤가요?

참가자 그래도 접근방법을 찾은 것 같아 좋습니다. 생각해 보면 답을 찾을 수 있는데 여태 혼자서만 고민했었다는 생각이 드네요. 코치님의 질문으로 방법을 더 생각하게 되어 좋았습니다.

코치 그럼, 오늘 이야기 나눈 것을 정리해 볼까요?

참가자 오늘 목표는 취업 관련 과제 리스트를 정리해서, 행동목표 3가지를 정하는 것이었습니다. 하지만 더 효과적인 방법을 적용하기 위해 공사에 입사한 선배에게 도움을 요청하기로 했습니다. 우선순위를 정해서 이번 주말까지 코치님과 공유한 후 코치님의 피드백을 받기로 했습니다.

코치 정리를 아주 잘하네요. 수고했습니다.

　코칭을 하다 보면 코치가 모르는 영역이 생길 수 있다. 코치는 자기가 모르는 영역에 대해서도 코칭이 가능하다. 그렇다고 코치가 자신감 없는 태도를 보이는 것은 바람직하지 않다. 마찬가지로 코치가 경험이나 지식으로 잘 아는 영역에 대해서 말을 많이 하는 것도 경계해야 한다. 한마디로 코치는 프로세스 전문가이지 내용 전문가가 아니다. 코칭 분야의 내용 전문가라면 컨설팅이나 티칭으로 전개할 가능성이 크니 주의해야 한다. 코칭 핵심역량에서 코치는 자신이 알지 못하는 영역에 대해서도 편안하게 임할 것을 요구한다.

　때에 따라 코칭을 마친 후 정보를 추가로 제공해 줄 수는 있다.

코치 저도 우선순위를 생각해 봤어요. 도움이 될지 모르겠지만 참가자님과 나눠도 될까요?

참가자 물론입니다.

코치 선후 관계 즉 차례로 준비할 것이 있겠어요. 구직자로서 비중을 높게 생각하는 것도 따져봐야죠. 한 가지를 해내면 나머지에도 영향을 미치는, 즉 효과성이 높은 것도 생각하고요. 참고만하세요. 스스로 다양하게 찾아보고 정하면 좋겠어요.

참가자 예. 감사합니다.

국제코치연맹의 핵심코칭역량 모델

프레즌스(Presence)를 유지한다

Maintains Presence

정의 개방적이고 유연하며 중심이 잡힌 자신감 있는 태도로 완전히 깨어서 고객과 함께 한다. - 핵심역량 5

Definition Is fully conscious and present with the client, employing a style that is open, flexible, grounded and confident.

코치가 알지 못하는 영역을 코칭할 때도 편안하게 임한다.
- 핵심역량 5의 5

Is comfortable working in a space of not knowing.

이슈별 코칭 사례

자기 정체성에 대한 고민

자기소개를 할 때 "나는 소풍입니다. 왜냐하면, 일상에서 벗어나 자연에서 사람들과 어울릴 때 가장 행복하거든요."라고 한다면 꽤 매력적으로 들린다. 자신의 정체성을 말할 때 비유나 은유로 표현하면 힘이 느껴지고, 연상이 잘 되어 인상적이기 때문이다. 그런데 자신을 '소풍'이라고 표현하듯이 네이밍을 붙일 때 가끔 에너지가 떨어지는 단어를 사용하는 경우를 볼 수 있다. 예를 들면, "나는 패배자예요." 혹은 "나는 떨어지는 낙엽이에요." 하는 식으로 말하면 듣는 사람도 안타까운 마음이 든다.

어느 대학생을 코칭할 때였다. 자기 전공에 관해 흥미가 없어 고민할 때 만났다. 서울의 대학에 진학했다가 전공 학과에 회의를 느껴 재수했다. 이듬해 국립대에 입학했지만, 또다시 마음에 들지 않아 다른 학과 수업을 청강 중이었다. 그러다 코칭을 접했다. 자기를 소개하는 글에 몇 가지 사례를 소개하면서 '도피하는 삶'을 살아왔다며 몇 차례 '도피'란 단어를 적었다. 반복된 단어여서 눈에 잘 띄었다. 처음 만나 인사를 나눈 후 대화를 이어갔다.

사례37 정체성에 대한 네이밍 왜곡 사례

코치 자신에 대해서 어떻게 생각하나요?

참가자 저는 아무래도 도피하는 사람인가 봐요.

코치 오늘 만나기 전에 자기소개 글을 읽어봤어요. 도피하는 삶을 산 게 아니라 도전하는 삶을 산 것 아니에요? (참가자는 흠칫 놀라는 표정이었지만 싫지는 않은 표정)

코치 유명 대학에 도전했고, 다시 국립대 입학에 도전했잖아요. 지금도 청강하러 다니는 것도 도전하는 것 아닌가요? 내가 볼 때 가만히 안주하는 사람이 아닌 것 같은데, 어때요? (표정이 밝아지며 입가에 미소가 번지는 걸 확인)

참가자 그렇게 말씀해 주시니까 그런 것 같네요. (대답하는 목소리에 힘이 있고 마주치는 눈빛에서 기운이 살아 움직이는 듯함)

코치 도전하는 삶을 살아왔고, 성취도 잘하는 사람인 것 같은데 자기 자신을 어떻게 생각해요?

참가자 저는 여태 도피해 왔다고 생각했어요. 말씀을 듣고 보니 노력도 했고 그런대로 잘 해온 것 같아요.

코치 방향성만 맞으면 그런 도전정신과 성취경험으로 뭐든 더 잘 해나갈 사람이란 생각이 들어요. 어때요?

이렇게 코칭 대화를 하자, 참가자는 맞장구와 함께 한층 단단해진 목소리로 자기가 정말 좋아하는 것이 뭔지를 이야기했다. 하고 싶은 것을 시도해 보겠다는 의욕도 드러냈다.

커리어 코칭을 할 때에는 특히 자신감 회복이 기반이 되어야 한다. 자신에 대한 존재 인식을 제대로 하면서 출발하는 것이 매우 중요하다. 그러다 참가자가 자신의 강점을 인식하게 될 때 만족스러운 코칭이 이루어진다.

여행을 떠나려면 목적지만 생각하고 떠날 것이 아니라, 여행의 주체자인 자기 자신에 대한 이해도 필요하다. 좋아하는 곳이 어떤 곳인지 아는 것도 의미가 있지만, 자신이 그곳을 왜 좋아하는지 알고 출발하면 더 좋다. 자신의 능력에 따라 배낭여행 혹은 패키지여행을 택하듯이, 자신의 스타일을 알아야 선택하기 쉽다. 자신이 어떤 사람인지 알면 자신감이 높아진다. 앞으로 나아가려 할 때 확신이 생긴다. 꼭 자신을 잘 들여다봐야 한다.

사례38 자신의 흥미, 강점을 모르는 사례

참가자 제가 무얼 좋아하는지, 무얼 잘하는지 잘 모르겠어요.

코치 그렇군요. 자신에 대해 잘 알고 진로 방향을 잘 정하고 싶은 마음인가 보네요?

참가자 예. 맞습니다.

코치 학창 시절, 군대 시절, 아르바이트, 단체 생활 등 여러 가지 경험이 있겠군요. 누군가로부터 크게 칭찬받았던 기억이 있다면 얘기를 나눠 줄래요? (예시와 더불어 쪼개서 물어보면 효과적임)

참가자 생각해 보니 있네요. 군대에서는 운전병을 했는데 남들보다 정비기술을 배우는 속도가 빨랐고, 기계조작을 잘해서 인정도

받았습니다.

코치 그런 것을 잘하게 된 배경이 무얼까요?

참가자 제가 뭐든지 빨리빨리 처리하는 것을 좋아하거든요. 눈썰미도 있고요. 집중력이나 관찰력도 좋은가 봅니다.

코치 손으로 조작하는 것들을 좋아하지 않나요?

참가자 맞아요. 어려서부터 시계나 로봇 장난감 등을 분해하고 다시 결합하는 것을 좋아했어요. 지금도 집에 고장난 게 생기면 제가 주로 수리해요. 저는 전동공구를 가지고 뭔가 작업하는 것도 좋아해요.

코치 지금 공부하는 전공을 연결해서 생각하면 어떤가요?

참가자 식물 자원학을 전공하는데, 좀 따분하고 저와 잘 맞지 않는다는 생각이 들어요. 그리고 보니 제가 정적인 것보다 동적인 걸 더 좋아하는 게 아닐까 싶어요.

코치 그럴 수 있겠네요. 식물 자원학 공부를 하더라도 책이나 자료를 보는 것보다 현장에서 몸을 움직이는 것에 더 흥미가 있어 보이는데, 어때요?

참가자 맞습니다. 깊게 파고 연구하는 것보다 식물 재배 같은 현장 일이 훨씬 좋아요.

코치 그럼, 졸업 후 어떤 일을 하고 싶은지 떠오르는 게 있나요?

참가자 원예작물과 재배 첨단기술을 접목하여, 생산량을 높이는 재배 기술자가 되면 좋겠다는 생각이 드네요. 식물원에 취업할 수도 있고, 경험을 쌓아 원예 벤처회사를 운영하는 것도 좋겠습니다. 한 번도 이런 생각을 한 적이 없었는데, 대답하면서 갑자기 저도 모르던 생각이 드니 신기하네요.

코치 말하면서 목소리 톤이 높아지는 걸 보니 가슴이 뛰나 보네요?

참가자 예. 그렇습니다.

방향성 선택에 대한 고민

커리어 방향에 대해 확신하기란 쉽지 않다. 자기가 가는 길에 대해서도 불안하고, 가지 않는 길에 대해서는 미련을 갖게 된다. 우리 삶은 B에서 출발하여 D로 끝난다고 하지 않던가. Birth에서 Death까지, 그 안에 수많은 C가 있는데 C는 알다시피 선택(Choice)이다. 그 선택을 만들어가는 과정이 커리어(Career)이다. 우리는 항상 가장 좋은 선택을 하고 싶은 욕망이 있다. 최고의 선택지를 얻기 위한 고민, 그 자체는 사람을 성숙시키고 삶을 값지게 한다. 매우 바람직한 일이다.

사례39 진로전환을 고민하는 사례

참가자 저는 집안이 넉넉하지 않아 아르바이트를 줄곧 해왔는데, 돌잔치나 생일잔치 같은 연회장에서 사회 보는 일이 저랑 잘 맞는 것 같습니다. 사람들을 흥겹게 하는 일이 재밌고 별로 지치지 않아요. 그런데 학교 공부는 재미없어요. 전공 친구들을 만나면

딱딱한 이야기만 하니 지루해요. 지금 기계 전공 4학년 1학기지만, 대학을 그만두고 싶어요. 차라리 이쪽으로 나가는 게 경쟁력이 있을 것 같아서요. 어떻게 하는 게 좋을지 의논드리고 싶습니다.

코치 주변에서 본인 성격이 어떻다고 말하나요?

참가자 사교적이고, 유머가 있고, 활달하다는 말을 많이 하곤 합니다.

코치 그런 비슷한 성향의 친구들이 주변에 있는 편인가요?

참가자 많지는 않아요. 제 친구들이야 원래 허물없이 지내니까 서로 친근하게 느껴요. 하지만 학교 친구들과는 전혀 그렇지 않아요. 저와 달리 논리적이고 기계적인 대화를 나누죠.

코치 참가자님은 남들이 갖지 못한 강점을 가지고 있는 셈이네요.

참가자 그런가요? 저는 그런 생각은 못 해봤어요. 학교에서는 경쟁력이 없다고 느꼈죠.

코치 지금 4학년인데, 여기서 그만두기에 아깝지 않을까요?

참가자 그렇긴 합니다. 하지만 학점도 그렇고, 과연 엔지니어로 취업해 성장해 나갈 수 있을지 의문이어서요.

코치 행사 사회를 본다는 것은 화술이 좋다는 큰 강점이 있다는 생각이 드네요. 일단 대학을 마치고 경쟁력 있는 사람이 된 모습을 상상하면 어떤가요? (Energy Up)

참가자 그러면 훨씬 더 안정적이니까 집에도 보탬이 되겠죠. 정말 그렇게 되면 좋겠습니다.

코치 지금 남들이 가지고 있지 않은 참가자님의 강점을 어떤 분야에서 필요로 할까요? (역발상 질문)

참가자 예? 글쎄요. 생각이 잘 안 나는데요?

코치 혹시 기술영업이라고 들어봤나요?

참가자 아! 예. 들어봤지만, 생각을 해보지는 않아서 잘 모르겠습니다.

코치 마침 떠오르는 게 있는데 나눠도 될까요?

참가자 예. 물론입니다.

코치 제가 알기로는 기술을 잘 알면서 세일즈를 할 수 있는 사람이 크게 부족하다고 들었어요. 기술을 아는 사람이 설명하면 훨씬 더 설득이 잘되고 효과적이라고 합니다. 참가자님처럼 사람을 좋아하고 말을 재미있게 한다면 꽤 적임이란 생각이 들어요. 그런 쪽을 좀 더 알아보고 나서 학교를 그만둘지 어떨지 결정하면 어떨까요?

참가자 아, 그건 미처 생각하지 못했습니다. 늘 마음에 걸리면서도 생각을 미뤄왔는데, 코치님과 대화를 나누니까 마음이 편해지고 답을 찾은 기분입니다. 생각해 보니 어린이 장난감에도 기계장치가 적용되는 게 떠오르네요.

코치 역시 아이들을 좋아하는군요. 하하.

사례40 방향에 대한 확신이 없는 사례

코치 어떤 마음으로 코칭을 신청했는지 궁금하네요.

참가자 저는 졸업 후 미래 설계에 대한 고민이 있어서 코칭을 신청했습니다.

코치 진로에 대해 고민을 하는 만큼, 더 좋은 미래 준비를 할 수 있을 것 같아요. 오늘 이야기 나눌 주제를 한 문장으로 표현한다면 무엇일까요? (주제 확인)

참가자 '졸업 후 진로 정하기'입니다.

코치 오늘 저랑 이야기 나누면서 어떤 결과를 얻으면 좋을까요?

참가자 취업준비 계획을 구체적으로 세우면 좋겠습니다.

코치 참가자님이 생각하는 구체적이란 건 어떤 모습인가요?

참가자 진로 방향에 확신을 얻고 단계적인 계획을 세우는 겁니다.

코치 예. 좋습니다. 오늘 그것을 얻으면 만족할까요? (목표 확인)

참가자 예. 물론입니다.

코치 진로를 정하는 데 있어서 현재 상태는 어떤가요? (현상 파악)

참가자 저는 이공계이지만 실은 제가 하고 싶은 분야가 아니에요. 저는 연기하는 것에 흥미가 있어요. 더 정확히는 목소리로 연기하는 성우가 되고 싶어요.

코치 아, 그래요? 자기탐색을 잘하는 사람인가 봐요? (존재에 대한 긍정 인식으로 에너지를 높여줌)

참가자 중학생 때 성우라는 직업을 알게 되었죠. 흥미가 생겨서 어떻게 하면 성우가 될 수 있을지 알아봤어요. 성우는 목소리 연기자니까, 연기 자체에 흥미를 느꼈어요. 고등학교 때는 연극동아리를 만들어서 공연도 해봤고요.

코치 좋아하는 만큼 열정도 많고, 실행력도 좋군요. (인정, 칭찬으로 에너지를 높여줌)

참가자 맞아요. 저는 싫증을 잘 내서 마음에 들지 않으면 오래 하지는 못 해요. 그런데 연기는 하면 할수록 재밌고, 더 해보고 싶다는 생각이 들었어요. 물론 연기로 감히 대학 문을 열 수는 없어서 연극동아리 활동으로 해소했습니다.

코치 그랬군요. 또 어떤 것을 시도해 봤나요?

참가자 제대 후 복학하고 여름방학에 성우학원을 가봤습니다. 거기서 처음으로 제가 가진 능력이 별 게 아니라는 걸 깨달았어요. 현실적인 여건 때문에 오래 다니지는 못했는데, 그때를 생각하면 후회가 됩니다. '더 해 볼 걸 왜 못 했을까? 지금 하면 더 잘할 수 있는데.'라는 생각이 들어서요.

코치 중단했다가 이제 다시 하고 싶은 이유는 무엇인가요?

참가자 그해 말에 저랑 같이 수업을 듣던 형이 성우 시험에 합격해서 성우가 됐다는 소식을 들었어요. 놀랐죠. 축하해 주는 한편 질투가 났습니다. '와, 진짜 됐네? 나는 지금 뭐 하고 있지? 죽도록 해도 될까 말까 한데 뒤처지는 거 아닌가? 당장 졸업은 해야 하는데 어떡하지?' 이런 고민이 많아지니까 우울해지더라고요.

저를 도와줄 사람이 필요했어요.

코치 전보다 훨씬 절박한 심정이군요.

참가자 예. 그래서 저랑 정말 친했던 동기한테 연락을 해봤어요. 걔도 저랑 비슷한 처지였거든요. 음악을 하고 싶어 하는 친구였는데, 아직도 그 친구 말이 기억에 남아요. "왜 그렇게 고민이 많냐, 후회하지 않으려면 너 하고 싶은 걸 해." 꽉 막혀 있던 게 뚫리는 기분이었습니다. 새로운 동기부여가 됐고, 한 번 더 도전해 봐야겠다는 생각이 들었어요. 하고 싶은 걸 해 봐야겠다고 다짐했습니다.

코치 다짐했다는 말을 들어보니 진로 방향은 확실한 것 같네요. 더 고민이 되는 것이 있나요?

참가자 아니요. 지금 말하면서 확신이 더 들었어요.

코치 확신이 생긴 이유가 궁금하네요.

참가자 대답을 하면서 제가 뜨거워지는 것을 느꼈어요. 충분히 준비하고 도전해 봐야 나중에 후회하지 않을 것 같습니다.

코치 성우가 될 가능성에 대해서도 확신이 생겼나 봐요?

참가자 예. 성우가 된 선배에게 도움을 청하면 도와줄 거예요. 방향과 방법이 더 뚜렷해진 느낌입니다.

코치 미안한 얘기지만 혹시라도 성우가 안 되면 플랜 B로 어떤 것을 염두에 두고 있나요?

참가자 플랜 B는 생각하지 않겠습니다. 성우로 끝을 보겠습니다.

코치 확고하군요. 강한 의지를 보니 저도 믿음이 가네요. 자, 꿈꾸던 성우가 되었다고 가정해 볼게요. 성우가 된 지금 기분이 어떤가요? (미래를 상상하도록 돕는 질문)

참가자 너무 좋습니다.

코치 계속 상상해 보죠. 언제쯤이고 어디서 무엇을 하고 있나요?

참가자 2년 후 KBS 라디오 방송국에서 라디오 드라마 첫 녹음에 참여하고 있습니다.

코치 선배들이 뭐라 말하나요?

참가자 연기에 소질 있어서 예상보다 빨리 데뷔한 케이스라고 칭찬해 주네요.

코치 좋습니다. 방송국에 입사하게 된 것을 상상하면서, 입사에 결정적 요인이 무엇인지 한번 찾아보죠.

참가자 성우학원에서 다양한 캐릭터 연기를 가장 빨리 소화해냈어요. 유명인 성대모사도 포인트를 찾아내어 가장 잘한다는 소리를 들으니 자신감이 커진 게 핵심이네요.

코치 그렇군요. 그렇게 잘하게 된 배경은 무엇일까요?

참가자 은퇴하신 극단 원로 분을 찾아가, 그분에게 필요한 도움을 드리면서 대본 리딩을 맹훈련한 것이 비결입니다.

코치 그렇게 하면 되겠군요. 방법을 찾아낸 것 같아요. 그 원로 분은 어떻게 만날 수 있을까요?

참가자 동아리 활동할 때, 대학 선배 중에 연기자 몇 분이 계시다는 이야기를 들었습니다. 수소문하면 가능할 것 같아요.

코치 좋습니다. 그것 말고 또 어떤 성공 요인이 있을까요? (여러 개의 대안 찾기)

참가자 취업률이 높은 값비싼 성우학원에 다닐 형편은 안 되지만, 거기서 무엇을 핵심으로 가르치는지를 파악하면 되겠습니다.

코치 오늘 진로 방향에 대한 구체적인 취업 준비계획을 세우고 싶다고 했는데, 어떤 게 더 필요할까요?

참가자 성공 요인을 물어봐 주시니까, 제가 답을 다 찾은 것 같아요. 당장 해야겠다는 생각이 드네요. 감사합니다.

(이하 생략)

우리가 음식점에 가서 무얼 먹을까 망설이듯이, 참가자도 자신이 원하는 것을 잘 모르는 경우가 많다. 다루고 싶은 이슈가 있기는 하지만 진정 원하는 것이 무엇인지 막연하다.

그러다 진짜 원하는 것을 찾게 되면 그 자체로도 에너지 업이 된다. 바람직한 코칭은 참가자가 진정 원하는 것을 찾도록 도와주는 것이다. 코칭 세션 중에는 참가자의 인식전환이 핵심이다. 참가자가 진정 원하는 것을 발견하면서 코칭 주제로 전환하면 그 자체만으로도 코칭 효과는 시작되었다고 하겠다.

다음은 커리어 확장을 위해 계속 도전하고 싶지만, 일할 때 완벽해야 한다는 부담감 때문에 고민하던 여성 참가자 사례다. 참가자는 가정도 안정적으로 잘 보살피고 싶고, 사회적 역할로 자신의 존재감을 찾고 싶은 열망도 컸다. 이러지도 저러지도 못한다고 생각했던 참가자는 코칭 후 오히려 자신에게 선택의 여지가 더 있다는 걸 알고 무척 기분이 좋아졌고 안도했다.

이것은 집기양단(執其兩端. 둘 다 꽉 잡는다, 일석이조, 일거양득)의 방식으로써 충돌하는 2가지 욕구를 모두 다룬다. 선택지가 넓어지면서 코칭 만족도가 배가되었던 사례다.

사례41 취사선택이 아닌 양쪽 모두를 취한 사례

참가자 제 커리어를 어떻게 설계해야 할지 모르겠어요.

코치 어떤 배경으로 하시는 말씀이신지요?

참가자 제가 무슨 일을 하면 끝장을 보는 성격인데, 새로운 일을 벌이기가 겁이 나요. 그렇다고 집에서 쉬고 싶지는 않아요. 그게 고민이네요.

코치 2가지 중 어떤 것도 선택하기가 쉽지 않다는 말씀이네요.

참가자 예.

코치 새로운 일을 벌이지 않는다는 것은 어떤 도움이 되나요?

참가자 아이들 대입준비에 도움이 되겠죠. 엄마로서 아내로서 가정에 좀 더 안정감을 주고 싶은 마음이 있어요. 제 성격상 일을 한번 벌이면 물불 안 가리니까요.

코치 새로운 일을 벌인다는 것은 본인에게 어떤 의미가 있나요?

참가자 여태까지 성공적으로 쌓아온 커리어를 이어가고, 저도 존재감을 느끼고 싶어요.

코치 그렇다면 선택지를 넓혀보는 건 어떨까요? 진정 원하는 것이 어떤 건지 대답을 부탁할게요.

참가자 예.

코치 새로운 일을 벌이면서도, 가정을 안정적으로 지키고 싶다, 혹은 새로운 일을 벌이지 않으면서도 내 존재감을 찾고 싶다, 이 중 원하시는 것이 있나요?

(이 질문은 나는 집기양단 질문이라 명명한다. A, B의 선택지로 고민이나 갈등이 생길 때 활용한다. 즉, A를 택하면 하나는 좋아지는 대신 다른 하나는 나빠지고, B를 선택해도 하나는 좋아지는 대신 다른 하나는 나빠지는 식의 상호 모순이 생길 때 사용하면 효과적임)

참가자 (눈이 커지며) 아! 이런 생각은 해본 적이 없네요. 저는 하나를 하면 다른 하나는 포기해야 한다고만 생각했어요. 제가 정말 원하는 것은 새로운 일에 도전하면서도 우리 집이 안정적으로 돌아가기를 바라는 거예요.

(참가자가 개방적이고, 자기표현이 솔직하여 인식이 전환된 것을 느끼게 됨)

코치 좋습니다. 그 말을 하시면서 목소리도 커지는 걸 보아 설레는 마음이 느껴지네요.

참가자 맞아요. 정말 그렇게 되면 좋겠어요.

코치 만일 원하는 것이 다 이루어졌다고 가정해 보세요. 그때 사람들은 참가자님에게 어떤 사람이라고 이야기할 것 같습니까? (이렇게 질문한 이유는 존재나 정체성을 스스로 확인하도록 함으로써 신념이나 자기확신을 강화하기 위함임)

참가자 헌신적이면서 책임감이 강한 사람이요.

코치 말씀하시는 모습에서 열정이 느껴지네요. 그렇게 되기 위해 어떤 방법이 좋을지 찾아보면 어떨까요?

참가자 예, 좋아요. 기대되어요.

코치 과거에 본인이 이렇게 하셨던 경험을 찾아볼까요? 또 주변 사람들이 사회 활동도 잘하면서 가정도 잘 챙기는 사람은 어떻게 하는 것 같습니까?

(이하 생략)

커리어전환을 고민하는 사례

우리는 커리어를 쌓아 나가면서 여러 가지 이유로 갈등을 겪게 된다. 단연 사람 간에 겪게 되는 심적 갈등이 원인인 경우가 많다. 이럴 때 대처하는 방식이 대체로 도망가거나 포기하는 것이다. 벽에 부딪힌 기분일 것이다. 벽에 있는 문을 찾아 열고 나오면 되는데 혼자서는 잘 보이지 않는다.

흔히 훈수를 두는 사람은 상대가 상자 속에 갇혀 있는 것이 보이기 때문에 "상자 밖으로 나오라."라는 말을 비유적으로 한다. 코치는 참가자 스스로 자각하도록 도울 뿐 충고나 해석하지 않는다.

사례42 커리어전환을 앞둔 사례

참가자 회사를 그만두고 싶어요. 인정받지 못한 것 같아 의욕이 생기지를 않아요. 그동안 회사가 업계 1위라는 자부심이 있어서 버텨왔지요. 하지만 지난 연말 인사고과를 보니까, 여기서 제가 성장하기에는 한계가 있어 보여요. 이제 입사 5년 차인데 회사에 뚜렷한 비전이 보이지 않아요. 서둘러 다른 직장을 알아보는 게 좋을 것 같네요.

코치 참가자님은 자신이 어떤 사람이라고 생각하나요?

참가자 나름 스마트하다는 말을 많이 들어왔어요. 기획실에서 비중 있는 일들을 해왔기에 자부심을 지닌 사람이라 생각합니다.

코치 능력과 자부심을 지닌 분이라는 생각이 드네요. 그만두면 어떤 계획이 있나요?

참가자 아는 선배가 추천해 준 곳이 있어요. 그쪽으로 갈까 하는데, 대기업은 아니고 중견기업이라 성장 가능성이 있어 보여서 나쁘지 않을 것 같네요.

코치 혹시 지금보다 더 좋은 선택지가 생긴다면 지금의 결정이나 선택을 후회하지 않을 자신이 있는지 궁금하네요.

참가자 사실 제가 이직을 급하게 생각한 것은 아닌지, 마음에 걸

려서 코칭을 받아보려고 했던 겁니다.

코치 직장 또한 삶에서 아주 중요하기에 충분한 검토를 하고 싶은 거네요. 만일 더 좋은 회사에서 더 좋은 조건으로 참가자님을 모셔 가려 한다면, 어떤 요인을 보고 그런 결정을 할까요? (만일이라는 가정 질문이 인식전환에 도움이 될 때가 많음)

참가자 글쎄요. 아무래도 좋은 성과를 낸 경험을 높이 사지 않을까 싶네요.

코치 그렇다면 만일 헤드헌터가 참가자님 커리어를 조회한다면 지금 어떻게 바라볼까요? (관점전환 질문)

참가자 그렇게 놓고 보면 좀 미흡하네요. 제가 아무리 실력이 있어도 결과로 입증해내야 시장에서 평가될 텐데 말이죠. 그런 면에서 부족한 점이 있습니다.

코치 그렇다면 지금 바로 이동하는 것과 1~2년 성과를 내어 더 좋은 조건으로 이동하는 것 중 어떤 결정을 하시겠습니까?

참가자 정말 고민이 되네요. 아무래도 후자가 바람직하네요. 제가 예전과 달리 제 일에 의욕이 떨어진 이유가 뭘까요?

코치 혹시 직무나 근무환경 등에 어떤 변화가 있었을까요?

참가자 직무는 그대로인데 일하는 방식이 바뀌긴 했어요. 그간 독립된 일을 해왔는데, 팀으로 일을 하면서 내 방식을 버리고 누군가에게 맞춰야 하는 일이 생겼지요. 그래서 간섭을 받는다는 느낌이 커졌고요. 그런 것을 제대로 표현 못 하다 보니 스트레스가 쌓였나 보네요.

코치 만일 직장을 옮겼을 때 지금과 똑같은 상황이라면 어떻게 하시겠습니까?

참가자 그러네요. 여기서 이걸 극복하지 못하면 그곳에 가서도 잘해내지 못하겠네요. 도망친다고 해결되는 게 아니란 것을 일깨워주셔서 감사합니다. (코치가 일깨워준 것이 아니라 스스로 알아차린 것)

코칭 세션 관리와 마무리

코칭 마무리는 2종류다. 매 코칭 세션을 각각 마무리하는 것과 코칭 프로젝트 전체를 종료하는 것을 말한다.

코칭 세션 관리

코치는 매 세션을 관리할 필요가 있다. 참가자의 니즈에 대비하여 결과가 어떠했는지 초점을 맞춰 정리해야 한다. 또 실행약속의 과정도 관리해야 한다. 세션과 세션 사이도 관리하는 것이 효과적이다. 실행을 촉진하기 위하여 리마인드, 암시, 격려, 지지, 응원의 메시지 등으로 심리적 지원 활동을 한다.

그리고 마지막 세션에서는 여러 세션에서 다루었던 과제들을 통합하여, 전체적인 리뷰 시간을 갖는다. 리마인드 효과가 있다.

각 세션에서 분석과 탐색 등 여러 부분을 다루었으므로 마지막 세션에서는 '커리어 설계'라는 하나의 지향점으로 통합할 수 있다. 매 세션을 마칠 때 소감이나 통찰, 학습된 것을 확인하는 것처럼 최종 세션에서도 같은 절차를 거친다.

코칭 세션 마무리

코칭 세션을 종료할 때는 코칭에 대한 성찰의 시간을 갖는 것이 좋다. 이 경우 다음과 같은 질문을 하면 좋다. 미리 생각을 정리할 시간을 주기 위해 세션을 시작할 때 이런 질문을 할 것이라고 미리 일러주어도 좋다.

　① 전반적인 느낌이나 소감은 어땠나요?

　② 코칭을 통해 배우거나 얻은 점이 있다면 무엇인가요?

　③ 어떤 것을 실행해 보고 싶나요?

사례43 코칭 소감 대화

코치 전반적인 느낌이나 소감은 어땠나요?

참가자 저에 대해 나쁘다고 생각한 점이 상황에 따라 오히려 강점인 걸 알게 되어 좋았어요. 제 성격을 부러워하는 사람도 있으니 자신을 나쁘게만 보지 않고 더 사랑하자고 생각했어요. 그만큼 더 좋은 미래가 다가온다는 기대감이 커진 소중한 시간이었습니다.

코치 코칭을 통해 배우거나 얻은 점이 있다면 어떤 건가요?

참가자 저의 성향과 성격을 알게 됐어요. 아직 고등학생인 제가 직업적 방향을 찾는 계기가 되었어요. 저는 원하는 직업이 교사였는데, 막연히 성적 올리기가 어렵다는 생각에 다른 전공을 찾았지요. 하지만 교사가 제게 최적의 직업인 것이 확인되었고, 집안에도 교육자가 많으니까 미리 겁먹지 말고 큰 꿈을 위해 도전해 볼 생각을 하게 되었어요.

코치 앞으로 그 꿈을 위해 어떤 일을 실행할지 궁금합니다.

참가자 코칭 대화에서 나눈 것들을 하나씩 실행하면서 일단 성적을 올리는 일에 주력할 겁니다. 학습효과를 높이기 위해 메타인지와 코넬대학 노트법 그리고 마인드맵 등을 활용하려고요. 2개월 안에 좋은 공부습관을 만들겠습니다.

국제코치연맹의 핵심코칭역량 모델

고객의 성장을 촉진한다
Facilitates Client Growth.

정의 고객이 학습과 통찰을 행동으로 전환할 수 있도록 협력한다. 코칭 과정에서 고객의 자율성을 촉진한다. - 핵심역량 8
Definition Partners with the client to transform learning and insight into action. Promotes client autonomy in the coaching process.

코칭 프로젝트 종료

참가자가 코칭에 참가하면 하나의 학습 과정이 되므로 기록을 남기도록 요청한다.

표42 코칭 참가 후기 작성 예시

작성자명		작성일	
코치명		코칭기간	
전반적인 소감 (좋았던 점, 감사한 점, 아쉬운 점)	코치님께서는 조언보다는 질문 위주로 제 말을 들어주려고 하셨고 그 덕분에 더 편하게 제 경험과 일상을 말할 수 있었습니다. 또 생각해 보지도 못한 것들을 상상해 볼 수 있는 질문들을 해주셔서 좋았습니다. 저에게 힘이 되는 격려, 칭찬의 말씀들을 해주셔서 코칭 기간 좀 더 자신 있게 힘을 낼 수 있었습니다. 코칭이 참 좋았지만, 너무 짧게 느껴졌어요. 기회가 된다면 또 다시 코칭을 경험하고 싶습니다.		
코칭을 통해 배우거나 얻은 점	질문을 통해 생각을 정리하는 데 큰 도움이 되었습니다. 내가 원하는 삶이 무엇인지, 내가 어떤 사람인지 잘 몰랐으나 이제 찾게 되어 감사합니다. 코칭을 마치고 나면 시간을 내어 나를 더 돌아보곤 했습니다. 바쁜 일상에서 저에 관한 생각을 진지하게 해본 적이 없다는 것을 깨달았습니다. 또 코칭으로 제 주변의 멋진 사람들에게 감사하는 경험을 했습니다. 무엇보다 중요하게 생각하는 가치들을 되새길 수 있어 기뻤습니다. 코칭은 제게 정말 소중한 시간이었습니다.		
향후 홀로서기 실행계획	저는 코칭을 통해 사람들을 돕고 자신을 성장시키는 일을 하고 싶다는 것을 알았습니다. 이 점을 잊지 않고 좀 더 자신 있게 매 순간 임할 계획입니다. 다이어리 쓰기, 1일 1블로그 글쓰기, 매일 30분 이상 운동하기, 주 1회 친하지 않은 사람 1명에게 먼저 말 걸어 보기, 8월 말까지 공모전 프로젝트 완성하기를 꼭 실행하겠습니다.		

코칭 이후 스스로 자기관리를 잘 해나가도록 과제를 부여하는 것도 바람직하다. 마지막 세션이 6세션이라면 5세션을 마치고 나서 표42와 같은 코칭 참가 후기 양식을 제공한다. 참가자는 기록하면서 코칭을 뒤돌아보게 된다. 이것은 참가자에게 성찰하는 기회를 준다. 정리한 기록을 갖고 있으면 코칭 후 실행에도 도움이 된다.

참가자의 성향이나 필요에 따라 마지막 세션을 진행하면서 이에 관한 이야기를 나눌 수도 있고, 세션 코칭 종료 후 따로 이메일을 받음으로서 홀로서기를 촉진할 수도 있다.

코칭 소감을 작성해 달라고 요청한 후 소감을 받아보면 대체로 만족스러운 반응이다. 만일 부족한 부분이 있으면 사후보완을 해줄 수 있으니 코치로서도 피드백을 얻는 순간이다. 또 코칭 소감은 다음 코칭을 위한 발판이 되기도 한다.

아래는 서술식으로 소감을 작성한 사례다.

사례44 코칭 종료 소감

코칭 종료 소감1

코칭을 받는 동안 심리적으로 안정을 느꼈다. 동시에 많은 생각이 변화하면서 마음속 불편한 응어리들이 풀리는 걸 느꼈다. 정신적으로도 균형감각을 찾았다. 코치님과의 시간이 너무 좋았다.

코칭을 받으면서 정말 행복했다. 먼저 나의 장점에 대해 폭넓게 탐구할 수 있는 시간을 가졌고, 코치님과의 대화를 통해 '나'라는 사람을 알 수 있었다. 내가 어떠한 생각을 하는 사람인지 나의 성향을 조금이나마 파악할 수 있었고, 나의 진로에 대한 생각들을 정리할 수 있는 시간이었다.

매주 내가 그때그때 가지고 있는 고민이나 최근에 겪었던 일에 관해 대화할 수 있어서 좋았다. 코칭을 받으면서 큰 위안을 받았다고 생각하며, 미래의 나는 조금은 더 현명한 결정을 내릴 수 있을 것이라는 확신이 들었다.

코칭 종료 소감2
코칭이 내 변화의 시작점이 되었다. 단점에만 주목했던 나를 돌아보면서 장점이 훨씬 많다는 것을 알게 되었다. 내가 뭘 노력해야 하는지 알 수 있었다. 구체적으로 내가 무엇을 더 해야 할지도 알게 되었고, 어느 정도 실천하면서 기쁨도 얻었다.

코칭을 통해 내 생각 패턴을 알아차리게 되었고, 앞으로 어떻게 살아가고 싶은지 더 깊이 성찰할 수 있었다. 매번 코칭 시간이 짧게 느껴져서 기회가 되면 꼭 다시 신청해 보고 싶다.

코칭 덕분에 이제 자립할 수 있는 능력을 어느 정도 갖추게 된 것 같다. 내가 지닌 가치가 내 생각보다 훨씬 크다는 것을 알게 되었고, 앞으로 뭐든 해낼 것 같은 자신감도 들었다.

나의 열정이 불타오르다가 금방 꺼지지 않도록 자기 암시문을 눈에 보이는 곳에 비치하여 다지고 새길 것이다. 사람들의 고민을 들어줄 때 나도 코치님처럼 스스로 답을 생각해 볼 수 있게끔 도와주고 싶다는 생각이 들었다.

코칭 종료 소감을 받으면 감회가 새롭다. 산다는 것은 선택의 연속이다. 우리 삶의 굵직한 선택들은 학력, 경력 즉 커리어로 남는다. 때문에 커리어 설계는 삶의 필수다. 선택 결과는 통제 불가능하여도 선택의 과정은 통제 가능하다. 커리어 선택의 기로에 설 때 도움을 받을 누군가를 만난다면 우리는 더 좋은 선택을 할 수 있다. 그 누군가 중에 커리어 코치가 있다. 코치는 질문을 통해 참가자를 돌아보게 하고, 들여다보게 하며, 내다보게 한다. 코칭이 좋다고 입을 모으는 이유가 여기에 있다. 코치를 만난다는 것은 의미 있는 일이며 삶을 값지게 만드는 일이다.

코칭을 마치고 코치와 헤어지면 참가자한테는 홀로서기가 필요하다. 좋은 코칭을 통해 좋은 질문을 만나는 경험을 한 참가자는 자신에게도 코치 역할을 할 수 있다. 이것이 셀프 코칭이다. 자기를 사랑하는 관점과 힘이 생기면 혼자 길을 가도 외롭지 않다.

그렇다. 코칭은 이렇게 참가자한테 에너지를 선사하고, 미래에 대한 희망을 품게 한다. 그러니 코치란 직업은 얼마나 근사한가. 하지만 코치도 때때로 실망하고 갈등한다. 자책하기도 한다. 그때마다 '나다움', '코치다움'을 생각한다. 그리고 그 어려움을 감사

함으로 받아들인다. 자신을 한 번 더 성찰하게 하고, 더 성장하게 할 게 분명하기 때문이다.

코치는 새로운 인연을 만날 때마다 설레고, 그 인연을 보낼 때마다 큰 보람을 느낀다. 코치는 참가자의 변화와 성장을 돕는 파트너다. 한 칸 한 칸 자신의 사다리를 올라 자신만의 별을 따게 돕는 파트너다. 누군가의 더 나은 삶을 응원하고 지지하는 코치의 삶. 좋지 아니한가!

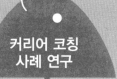

**커리어 코칭
사례 연구**

1. 현장 사례

1회기 코칭 사례
사전 준비(합의, 설문 혹은 진단 활용),
코칭 준비도 파악, 본 코칭

다 회기 코칭 사례
사전 준비(합의, 웰컴 레터, 코칭 안내, 계약서,
사전 질문지), 세션별 주제 합의와 준비물

질문 세트
To Be
어떤 직업인이 되고 싶은가?
그렇게 되고 싶은 이유는?

To Have
어떤 능력/가치관/신념을 갖고 싶은가?
그런 것을 가지면 무엇이 좋아지나?

To Do
원하는 직업인이 되었을 때 꼭 해보고
싶은 것은? 그것은 본인에게 어떤 의미인가?

이슈별 코칭 사례
정체성이 고민인 사례
자신의 흥미나 강점을 잘 모르는 사례
방향성 선택이 고민인 사례
커리어전환이 고민인 사례

2. 코칭 세션 관리와 마무리

세션별 마무리
오늘 코칭에 대한 전반적인 느낌이나 소감은?
코칭을 통해 새롭게 배우거나 얻은 점이 있다면?
다음 코칭세션 전까지 어떤 것을 실행할까?

세션 관리
실행약속에 대한 과정을 관리
(리마인드, 암시, 격려, 지지, 응원)

코칭 프로젝트 종료 마무리
전반적인 느낌이나 소감은?
코칭을 통해 배우거나 얻은 점이 있다면?
코칭 이후 홀로서기를 위해 무엇을 실행할까?

Fishbone Mind Map

감사는 감사를 부른다

내가 살면서 가장 꾸준히 잘하는 것은 '감사일기' 쓰기다. 10년 넘게 이어오고 있다. 누가 시키지도 않는 일이다. 감사일기를 오래도록 써 온 이유는 '감사는 감사를 부른다.'라는 것을 수없이 체험했기 때문이다. 감사를 떠올리는 것이 습관화되었고, 될 수 있으면 '덕분'이라는 말을 자주 쓰려고 한다. 그건 사실이다. 감사를 하면 할수록 감사의 좋은 기운이, 좋은 운을 만든다는 믿음이 생긴다.

감사일기를 쓰면서 깨달은 것이 몇 가지 있다.

첫째, 감사는 기억하는 것이 아니라 그때그때 느끼는 것이다.
감사일기를 처음 쓰기 시작한 초기 2주 동안은 힘들었다. 잠자리 들기 전에 당일 감사했던 것을 기억하려니 잘 떠오르지 않았다. 그러다가 비로소 깨달은 것이 바로 감사란 기억하는 것이 아니라 느끼는 것이라는 지혜였다. 순간순간 감사를 떠올리며 느끼기 시작하니 감사를 표현하기 쉬워졌다. 감사일기를 쓸 내용도 풍성해졌다. 감사를 느낌으로써 감사에 대한 기억이 아주 쉽게 떠올랐다. 잠자리에 들면 기분이 한결 좋아지고 평안했다. '내가 만일 잠자다가 죽으면, 나는 감사하며 삶을 마감한 사람이구나.'라는 생각도 들었다. 스스로 대견했다.

둘째, 감사는 당연한 것을 당연하게 생각하지 않는 것이다.

나는 그동안 내 힘으로 사는 줄 알았다. 세상 돌아가는 것들도 당연한 이치니까 감사하다는 느낌으로 받아들인 적이 별로 없었다. 하지만 미세먼지를 겪으며 깨끗한 공기에 새삼 감사하게 되었다. 맑은 물, 따뜻한 햇살, 시원한 바람. 그동안 누렸던 모든 것이 얼마나 감사한 일인지 비로소 알게 되었다. 부모님의 보살핌도 그러하였고, 아내의 돌봄도 그러하였다. 아이들의 올곧은 성장 또한 그렇다. 때늦은 감사가 눈에 들어오기 시작했다. 범사에 감사하란 말뜻도 이해되기 시작했다. 사람을 만나는 것 자체가 큰 감사라는 걸 코로나 덕분에 깨달았다.

셋째, 감사는 감사를 부른다.

감사로 가장 큰 기적을 만났다. 난치라고 여겨졌던 간경변이 상당히 회복됐기 때문이다. 나는 회복 원인을 달리 설명할 방도가 없다. 30대 초반에 진단받고 늘 조심조심 살아왔지만 특별한 약을 먹은 것도 아니기 때문이다. 건강식을 꾸준히 챙겨 먹지도 않았는데 몸에 변화가 왔다. 감사하는 삶의 기적인 셈이다. 몸은 정신과 연결되어 있다. 그밖에도 상상할 수 없던 좋은 일들이 거푸 생기니 감사는 감사를 부른다는 걸 실감할 수밖에 없다.

넷째, 미리 하는 감사도 감사를 부른다.

저녁 늦게 귀가하면 아파트 주차공간 확보가 어렵다. 먼 곳에 주차할 수밖에 없다. 도착하기 5분 전부터 "편한 곳에 주차자리가 생겨 감사합니다."라고 미리 감사했다. 그러면 신기하게도 이루어질 때가 많았다. 옆자리 아내도 몇 번을 경험하면서 놀라워했다. 미리 하는 감사는 감사의 일상화, 습관화에 도움이 된다.

감사일기를 오래 꾸준히 쓸 수 있었던 비결 중 하나로 일련번호를 꼽을 수 있다. 하루라도 거르면 다시 1번으로 돌아가기로 스스로 정했다. 이 글을 쓴 현재, 감사일기 일련번호는 3,845번이다. 그동안 1번으로 되돌아간 경험이 없다. 지금까지 누적된 번호가 아까워 감사일기를 중단 없이 쓴다.

감사하게도 나에겐 아직 꿈이 있다. 내 꿈은 인문고전과 코칭을 접목하여 '학당(아카데미)'을 운영하는 것이다. 박사과정에서 '감정철학'을 공부하면서 갖게 된 꿈이다. 고전을 통해 유익하고도 실용적 진리가 우리에게 이미 주어졌다는 걸 알았다.

수많은 철학자와 심리학자가 말하듯 우리는 영적 존재다. 매슬로우가 말한 것처럼 우리는 '초월'로 나아갈 수 있다. 우리는 영적 존재임을 자각하자. 영성 기반의 삶을 영위하자. 그런 삶은 더 큰 행복과 더 좋은 세상을 약속한다. 앞으로 나는 영성 코칭의 밑거름이 되고 싶다. 아직은 미답의 영역인 영성 코칭은 어떻게 전개될까? 상상만으로도 꿈에 한 발 다가서는 행복을 느낀다.

이 글을 마치며, 사랑하는 나의 아내 민경화와 아이들 유림, 성림, 진환 그리고 이 책《오정근의 커리어 코칭》을 섬세한 손길로 아름답게 만든 북소울 강인선 대표에게 감사의 마음을 전한다.

오정근

그림 순서

표 순서

사례 순서

오정근의 커리어 코칭

초판 1쇄 발행 2022년 7월 30일
초판 2쇄 발행 2024년 7월 1일

글	오정근
펴낸곳	(주)거북이북스
펴낸이	강인선
등록	2008년 1월 29일(제395-3870000251002008000002호)
주소	10543 경기도 고양시 덕양구 청초로 66
	덕은 리버워크 A동 309호
전화	02.713.8895
팩스	02.706.8893
홈페이지	www.gobook2.com
편집	오원영, 류현수
디자인	김그림
디지털콘텐츠	이승연, 임지훈
경영지원	이혜련
편집 지원	문현경, 김샛별
인쇄	(주)지에스테크

ISBN 978-89-6607-431-0   13320